친일파와 반민특위

나는 이렇게 본다

더 나은
세상을 꿈꾸는
보리
한국사 5

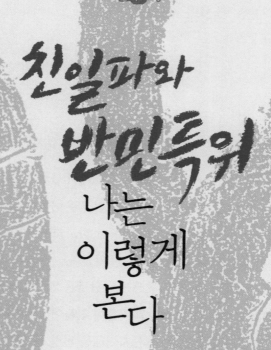

친일파와 반민특위

나는 이렇게 본다

| 이강수 글 |

보리

비판과 창조 정신을 배우자

역사는 누가 바로 알아야 할까? 누가 읽어야 할까?

못사는 사람이 알아야 한다. 못살게 된 젊은이들이 읽어야 한다. 나쁜 세상에서 버림받는 이들이 알아야 하고, 또 읽어야 한다. 그래야 더는 버림받지 않고, 더는 못살지 않는다.

이 나쁜 세상에서 잘 먹고 잘사는 사람들은 역사를 바로 알려고 하지 않는다. 그 사람들에게 힘센 자들이 만들어 온 삐뚤어진 역사는 거저 물려받은 선물일 뿐이다. 자기네들 편할 때 끌어다 써먹는 고마운 치부책일 뿐이다.

그렇다면 우리가 사는 이 세상, 나쁜 세상일까?

그렇다.

지금 당장 못사는 99퍼센트에게도 살기 나쁜 세상이다. 저 높은 곳에서 사는 1퍼센트가 혼자 잘살아 보겠다고 땅 죽이고, 물 더럽히고, 숨 쉴 공기 흐려 놓지 않았던가. 하지만 그렇게 세상이 쓰레기 더미가 되는 바람에 물려받을 것이라고는 오로지 죽음의 세계,

사는 게 끔찍한 악몽일 수밖에 없는 '젊은 세대'에게는 더더욱 나쁜 세상이다. 그런 세상은 바꿔야 한다.

하지만 좋은 세상은 두 손 모아 빈다고 저절로 오지 않는다. 내 탓이 아니라고 책임을 미루거나, 나만 잘살면 된다며 둘레 사람 살 피지 않고 혼자만 쌩쌩 앞서 간다고 오지 않는다. 좋은 세상은 모 두가 함께 힘을 모아야 비로소 만들 수 있다.

그렇다면 어떤 세상이 좋은 세상일까?

어려운 말 들먹일 것 없다. 있을 게 있고, 없을 게 없으면 된다.

"아무도 버림받지 않고, 아무것도 버릴 게 없는" 세상.

"있을 것만 있고, 없을 것은 없는" 살림터.

그것이 진짜 좋은 세상이다.

나쁜 세상은 없어야 할 것투성이다. 깡그리 없애야 한다. 그러 려면 현실을 바로 볼 수 있어야 한다. 나쁜 것이 어디서 시작되어 어떻게 가고 있는지 알아야 한다. 그리고 다시는 그 나쁜 일이 되풀이되지 않게 똑바로 잘못을 짚어 내고 반성해야 한다.

그것이 역사에서 얻어야 할 바른 '비판' 정신이다.

나쁜 세상은 또한 있을 것이 없는 세상이다. 그러므로 새로 빚어야 한다. 어디에, 무엇이, 왜, 없는지 둘러보아야 한다. 그리고 가장 필요한 것, 가장 소중한 것, 모든 사람들이 함께 누리며 가장 행복할 수 있는 것들을 새로 빚어 채워 넣어야 한다.

그것이 역사에서 찾아내야 할 바른 '창조' 정신이다.

그러므로 역사를 배워야 한다. 역사에서 올바른 가르침을 끌어내야 한다. 그래서 현재의 잘못을 깨닫고, 그 깨달음으로 미래를 바꿔야 하는 것이다. 과거의 역사를 배워, 현재의 잘못을 깨닫고, 미래를 좀 더 바르게 바꾸는 것. 그것은 이 땅에 사는 모든 젊은이들의 몫이다.

젊은이들은 비판과 창조 정신으로 무장하여, '없을 것'을 없애 버리고, 그 빈터에 '있을 것'을 일구고 가꾸어 채워 나가야 한다. 그렇게 파괴와 건설의 일꾼으로 거듭나야 한다.

보리가 역사를 되살피고, 그 성과를 젊은이들을 위해 새롭게 엮어 내야 하는 까닭을, "나는 이렇게 본다."

윤구병 (농부 · 철학자)

일러두기

1 이 책은 '더 나은 세상을 꿈꾸는' 보리 한국사 다섯째 권이다.
2 외국어 표기는 국립국어원 원칙을 따랐다. 다만 상해 임시정부, 동경, 장개석처럼 반민특
  위 당시에 널리 쓰던 지명이나 이름은 그대로 두었다.
3 책을 쓰는 데 도움을 받은 자료들은 마지막에 참고 문헌으로 정리해 두었다.

차례

반공의 확산, 무너지는 반민특위

알아 두면 좋은 반민특위 상식 ⑥

친일파의 득세와 과거사 청산

나가는 글

부록

들어가는 글

대한민국의 모든 병폐를 친일파와 그 수족들의 문제로 돌릴 수는 없다. 하지만 해방 이후 한국 사회의 왜곡된 첫 출발이 친일파와 직간접으로 연관되어 있다는 사실은 부정할 수 없다. 그런데도 제대로 된 역사의 심판을 하지 못한 이유는 대체 무엇일까?

우리는 최근 금수저니 특권층이니 같은 말을 많이 한다. 이들은 다양한 형태의 불법한 '스펙'을 만들어 자식들을 미국에 조기 유학 보내거나 유명 대학에 보내기도 하고, 단순 아르바이트를 하고도 수십억 수당을 받기도 한다. 경력이나 이력을 허위로 조작해도 처벌을 받는 경우도 거의 없다. 오히려 이를 지적하거나 바로잡으려는 사람을 명예 훼손이다 뭐다 하면서 고소하고 처벌하려 한다. 대한민국이 더욱 비상식으로 가고 있다.

이런 특권층이 언제부터, 어떻게 만들어졌을까?

특권층이 만들어지는 과정은 다양하게 살펴볼 수 있는데, 그중에서도 해방 직후는 매우 중요한 시기이다. 현재의 '스펙'처럼 해방 직후에는 경력이 매우 중요하게 작용했다. 과거에 무슨 일을 했느냐는 '경력'을 기준으로 정부 관료들을 뽑았기 때문이다.

1945년 8월 15일 한국이 해방되었다. 그리고 미군정이 설치되자, 미군정은 남한 사회를 통치하기 위해 과거에 정부 관료로 일했던 사람이나 치안 활동 경험자, 판검사 활동을 했던 경력자를 관리로 채용했다. 문제는 그런 경력자들이 친일파뿐이었다는 사실이다. 일제 치하에서 지식인과 애국자들은 독립운동을 하거나 일본에 저항했다. 최소한 일본 총독부에서 일하는 것을 부끄러워했다. 그러나 일부 사람들은 총독부의 관료가 되거나, 경찰이 되고 판검사가 돼서 독립운동가를 체포하고 국민들을 약탈하는 데 앞장섰다.

그런데 미군정이 경력자들을 뽑는다는 이유로 이들을 다시 채용하자, 친일파들은 화려하게 부활해서 해방된 조국의 국가 권력을 장악하기 시작했다. 그리고 자신들의 방식으로 사회 여러 분야에 기반을 만들었다. 친일 관료, 친일 경찰, 친일 판검사들이 각 분야의 핵심 세력으로 등용되었고, 자신들을 보조할 사람으로 도덕성이나 실력, 자격 조건보다는 자신들에게 충성할 사람들을 뽑는 방식으로 대한민국을 만들어 나갔다. 이 과정에서 특권층이 형성되고, 그들만의 '카르텔'이 시작되었다.

그랬기에 이들에게 과거 청산이나 친일파 청산은 매우 불편한 문제였다. 해방 직후 민족 세력이 반민특위(반민족행위 특별조사위원회)를 만들어 친일파를 청산하려고 하자 친일파들은 이를 강제로 해체시켰다. 심지어 얼마 전까지도 한 정당의 원내 대표가 친일파 청산은 "민족을 분열시키고, 사회를 혼란"시키는 행위라면서 친일파 청산을 비판해서 논란이 되기도 했다. 해방된 지 수십 년이 지나도 이들에게 친일파 청산은 결코 받아들일 수 없는 문제였다. 그들의 뿌리를 송두리째 뽑아내는 작업이기 때문이다. 대한민국은 이런 특권 세력에게 장악되어, 시간이 아무리 흘러도 그들이 만든 '그들만의'

사회 구조를 바꾸려는 어떤 시도도 용납하지 않았다.

그렇기에 친일파 청산은 한국 사회의 변화를 위해서는 반드시 거쳐야만 하는 과제이다. 이는 단순히 친일파 몇 명을 처벌하는 문제가 아니다. 친일파와 그 비호 세력에 의해 만들어진 왜곡된 한국 사회의 뿌리를 바꾸는 문제이며, 또한 친일파를 비판할 수 없는 사회 구조, 친일파들이나 특권 세력이 장악한 한국 사회를 건강한 시민 사회로 만드는 시민운동의 하나이다. 친일파 청산이 곧 특권 집단의 카르텔을 붕괴시키고 잘못된 특권 세력들을 이 땅에서 제거하는 과정이기 때문이다.

또한 친일파 청산은 상식적인 국가와 사회 가치관을 확립하는 문제이기도 하다. 열심히 일한 사람, 성실히 일한 사람이 대우받고, 권모술수를 쓴 사람이 비판받아야 하는 것이 당연한 것처럼, 독립운동을 한 사람이 대우받고 친일파들이 처벌받는 것은 상식이다. 그러나 우리의 역사는 정반대였다. 일제강점기 독립운동가들은 국가적으로 배제되었고 친일파들과 법 기술자, 법 집행자들이 부와 권력을 장악해 왔다. 그럼으로써 정의가 대우받지 못하고 기회주의와 출세주의, 권모술수가 횡행했다. 이런 점에서 친일파 청산은 왜곡된 한국 사회의 가치를 복원하는 운동이기도 하다.

그뿐만 아니라 친일파 청산은 한국 사회의 개혁과 직결되어 있다. 해방 이후 정경 유착, 권언 유착, 밀실 정치도 친일파 문제와 무관하지 않다. 친일파들은 부와 권력을 위해 일제강점기에는 일본에 충성했고, 해방된 이후에는 미군정과 이승만 정부와 결탁했다. 더 나아가 독립운동 세력, 자신들을 비판하는 세력은 반공법과 보안법으로 억압하고 구속했다. 이런 과정을 거치면서 한국 사회는 왜곡되고 공정하지 못한 법 집행으로 유지되었다. 그렇기에 친일파 청산은 친일파들에 의해 형성된 왜곡된 한국 사회를 개혁하는 문제와 필연적으로 이어질 수밖에 없다.

과거의 역사를 살펴보면, 1945년 8월 제2차 세계 대전이 끝나고 나서 식민지와 반식민지를 경험한 국가들은 과거사를 청산하고 이를 기반으로 새로운 국가를 만들려고 했다. 중국과 대만은 '한간'(漢奸, 민족 반역자) 처벌을 통해, 프랑스는 '나치 협력자'를, 그리고 독일은 '전쟁 범죄자'를 처벌하면서 새로운 국가를 건설하려 했다. 특히 독일, 프랑스 같은 유럽의 대표적인 국가들은 나치 협력자나 전쟁 범죄자가 확인이 되면 수십 년이 지난 지금까지도 끝까지 처벌하고 있다. 과거 청산이 현재 그들의 사회를 건강한 사회로 만드는 문제라고 인식하기 때문이다.

이에 견주어 대한민국은 1945년 해방이 된 후 70여 년이 지났지만, 친일파에게 역사적인 심판은 단 한 번도 내린 적이 없다. 1948년 정부 수립 후 반민특위가 만들어졌지만 친일파들을 처벌하지는 못했다. 이승만을 비롯한 정부와 친일파들이 '법'이라는 무기를 앞세워 반민특위를 공격하고 와해시켰기 때문이다. 친일파와 그들을 법적으로 보호했던 '법 기술자'들은 처벌을 받지 않았을 뿐만 아니라, 오히려 한국 사회의 핵심 세력이 되어 권력을 장악하고 특권 세력으로 성장했다. 독일이나 프랑스와 달리 한국 사회는 명확히 첫 단추를 잘못 끼운 것이다.

　물론 대한민국의 모든 병폐를 친일파와 그 수족들의 문제로 돌릴 수는 없다. 하지만 해방 이후 한국 사회의 왜곡된 첫 출발이 친일파와 직간접으로 연관되어 있었다는 사실은 부정할 수 없다. 그런데도 제대로 된 역사의 심판을 하지 못한 이유는 대체 무엇일까? 친일파는 어떻게 한국 사회의 핵심이 되었을까?

　여기서는 일제강점기 친일파들이 어떻게 특권 세력이 되고, 그 뒤 어떻게 대한민국을 장악해 갔는지를 살펴보고자 한다. 그렇게 대한민국의 실체를 객관적으로 이해하고 평가할 때에만 비로소, 앞으로 우리가 무엇을 해야 할지 이해할 수 있기 때문이다. ◉

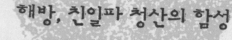

해방, 친일파 청산의 함성

친일파 청산은 대한민국의 뿌리인 임시정부의 기본 정책이었다. 또한 헌법에 "대한민국은 대한민국 임시정부의 법통을 계승한다"고 나와 있으니, 친일파 청산은 곧 대한민국 임시정부의 정신을 계승한 정책이자 헌법 정신을 계승한 정책으로 자리매김해야 한다.

미군정과 친일파의 재등장

2022년 5월 16일, 독일 법정은 제2차 세계 대전 당시 나치 강제 수용소에서 전쟁 범죄를 저지른 혐의로 올해 101세가 된 노인에게 징역 5년을 선고했다. 1942년부터 1945년까지 베를린 근교 수용소에 근무하면서, 수많은 사람들이 독가스로 처형당할 때 이를 방조했다는 것이 핵심 죄목이었다. 노인은 "내가 직접 학살을 한 적은 한 번도 없다"고 했지만, 독일 법정은 학살 방조만으로도 직접 학살을 한 것과 같다고 보았다. 범죄 행위 처벌은 나이나 공소 시효와 상관이 없었다. 독일 법정은 간접 방조도 직접 범죄와 같다고 보고 무려 70여 년이 지난 지금까지도 죄를 처벌한 것이다.

일제강점기 이후 친일파를 단 한 명도 처벌하지 못한 대한민국에서는 상상도 못 할 일이다. 오히려 우리가 친일파 청산이나 과거사 청산을 이야기하면, 과거에만 얽매인다고 보수 언론을 비롯하여 보수 정치인, 보수 지식인들의 비판이 난무한다. 하지만 2022년에도 전쟁 범죄자를 처벌하는 독일이나 프랑스를 후진국이라든지, 인권이 없는 나라, 과거에만 얽매인 나라라고 비판하는 사람은 거의 없다. 같은 잣대로 세상을 보고 있지 않는 것이다.

유럽 국가들은 과거 청산을 일찍부터 시작했다.

1940년 독일에 점령되었던 프랑스는 1944년 8월 파리를 되찾자마자 나치 협력자 처형을 신속히 단행했다. 주로 레지스탕스 조직이 자발적인 재판을 통해 '거리의 정의'라고 불리는 방식으로 8천여 명에서 1만여 명에 달하는 전쟁 협력자를 처형한 것이다. 그리고 드골이 이끌던 프랑스 임시정부가 정식으로 수립된 이후에는 임시정부 주관으로 '협력자 재판소'를 만들어 시민 재판을 단행했다. 1944년부터 문화 예술 등 사회 각 분야에서 독일에 협력한 사람들과, 프랑스 지역에 설치한 독일 괴뢰정부에 참여한 관료들, 치안 활동을 했던 괴뢰정부 경찰 출신 같은 법 집행자들이 모두 처벌 대상이 되었다. 우리로 치면 일제강점기 총독부에 근무했던 관료와 경찰들이 모두 처벌 대상자가 된 것이다.

네덜란드는 1943년부터, 벨기에도 1944년부터 나치 협력자들에게 처벌을 단행했다. 유럽 각국은 제2차 세계 대전 중에 임시정부를 중심으로 자발적으로 독일에 협력한 전쟁 협력자들을 처벌하고, 이를 기반으로 새로운 국가를 만들고자 한 것이다.

그러나 우리 사정은 너무도 달랐다. 제2차 세계 대전 뒤 바로 독립 국가가 된 것이 아니라 미군정이라는 별도의 통치 기구가 설치되었기 때문이다. 미국은 1942년부터 한국에 신탁통치를 실시할 것이라고 수차례 발표했다. 그 까닭으로 첫째, 30여 년간 일본이 우리나라를 통치해 와서 "조선은 독립 국가를 운영할 행정 경험이 없다"는 것이고, 둘째 "조선의 독립운동가들은 여러 당파로 분열되어 있어 누가 조선을 대표하는지 일치된 견해가 없다"는 형식적인 이유를 들었다. 겉으로는 한국의 독립을 지원하고 준비시켜 준다는 것이지만, 실상은 한국을 미국의 통제 아래 두겠다는 것이었다. 신탁통치 정책은 1945년 8월 해방과 동시에 남한에 진주한 미군에 지속적으로 전달되었다.

그런데 1945년 해방된 한국의 상황이 미국이 원하는 대로 되지 않았다. 미군이 진주하기 전부터 한국민들의 자주 독립에 대한 열망이 너무 컸기 때문이다. 곧바로 민족 세력을 중심으로 인민위원회가 건설되었다. 정치, 경제, 사회, 문화, 국방 모든 분야에서 새로운 국가를 건설하려는 자발적인 움직임이 일었다. 일부 정책은 사회주의 노선으로 오해되기도 했다. 예를 들면 '농지 개혁', '농지 분배' 같은 것들이었다. 임시정부마저도 북한과 비슷하게 '농지 개혁'을 주장했다. 이런 모습이 미국의 입장에서는 한국이 좌파에 경도된 모습으로 보일 수 있었다.

사실 당시 토지는 일본 총독부가 대부분 강제로 수탈한 것이었다. 그렇기 때문에 일본이 패망한 뒤 원래 주인인 농민들에게 농지를 돌려주는 것은 너무도 당연한 일이었다. 이것은 사회주의 정책과는 무관한 것이었다. 토지뿐 아니라 일본 기업이나 산업 같은 다양한 영역에서도 비슷한 상황이었다. 그래서 해방 직후 모든 정당들은 좌파뿐 아니라 우파들도 토지 분배와 산업 국유화를 기본 정책으로 제시하고 있었다.

문제는 미국이 이런 상황을 대한민국이 사회주의 정책에 기울어져 있기 때문이라고 판단했다는 것이다. 1945년 8월부터 9월 사이 전국 거의 모든 지역에서 인민위원회가 조직되었다. 이에 견주어 미국을 지지하는 이른바 '보수주의자'는 단지 "수백 명"뿐이어서, 미국은 "남한은 점화하기만 하면 즉각 폭발할 것 같은 화약통"과 같다고 보았다. 이런 상황에서 미군정은 자신들의 정책 동반자로 독립운동가가 아닌 친일파를 주목했다. 당시 미군정 정치 고문은 "남한 정세 중 가장 고무적인 유일한 요소는 연로하고 교육을 잘받은 한국인들 가운데 수백 명의 보수주의자들이 서울에 있다는 점이다. 그들 중 상당수는 일본에 협력했지만, 그러한 오명은 점차 사라질 것이다"라고 판단했다. 미군정은 대한민국의 '보수주의자'가 상당수 일본에 협력한 친일파라는 사실을 너무도 잘 알고 있었지만 그런데도 동반자로 선택한 것이다.

미군정도 처음에는 대한민국 임시정부를 활용할 계획이 없지는 않았다. 그러나 임시정부는 대한민국을 직접 통치하고 싶어 했다. 미군정과 같은 외세의 신탁통치를 결코 인정하지 않았다. 그렇기에 미군정은 임시정부도, 인민위원회도 모두 인정하지 않았다. 그리고 일제 시기 행정 조직을 그대로 유지하면서 친일파를 적극 활용하는 정책을 세운 것이다.

여기서 중요하게 작동된 것이 행정 경험이었다. 일종의 이력서 제도와 같은 것으로, 경찰은 경찰 경험(이력)이 있는 사람을 시키고, 검찰은 검찰 경험이 있는 사람을, 행정 관료는 행정 경험이 있는 사람을 시키는 식이었다. 그런데 그런 사람은 거의 총독부에 근무한 사람들로, 최소한 독립운동가는 될 수 없었다. 미국 입장에서는 경험자를 뽑아야 운영을 잘할 수 있을지 몰라도, 해방된 국가의 첫 관료로 친일 경력자를 다시 뽑아 활용한다는 발상 자체가 대한민국 국민들로서는 너무도 이해하기 어려운 상황이었다.

결국 이것이 미국이 한국 사회에 직접 개입해서 한반도의 상황을 바꾸는 과정이 되었다. 미 국무성은 1945년 8월 26일, 조선 총독부와 일본인 참모진을 한국의 행정에 활용할 것을 대한반도 정책의 기본 방향으로 제시했다. 그리고 1945년 9월 7일, 맥아더 포고문을 통해 "정부, 공공 단체에 종사하는 사람은 별도의 명령이 있을 때까지 종래의 업무를 수행할 것"을 지시하였다. 곧 친일 관료를 그대로 쓰겠다는 뜻이었다.

그 뒤 한국 국민의 지속적인 저항에 부딪혀 정책이 일부 수정되었지만, 조선 총독부 명칭이 '군정청(Military Government)'으로 바뀌는 정도였다. 미군정은 총독부 관료들을 해임한 이후에도 계속 비공식적으로 그들을 고문으로 활용했다. 우리는 흔히 친일파 처벌을 막고 다시 등용시킨 첫 번째 세력으로 이승만 대통령을 지적하지만, 대한민국 정부가 수립되기 이전에 이미 친일파들을 등용시킨 세력이 바로 미군정이었던 것이다.

미군정이 친일파를 활용한 공식 이유는 친일파들의 기술 능력과 행정 경험을 살리겠다는 것이었다. 그러나 실상 친일파들이 "일본을 위해" 훌륭히 업무를 수행했다면 "미국을 위해서도" 그럴 수 있을 것이라는 판단에 따른 것이었다. 사실 미국은 자국의 이익이 다른 무엇보다도 중요했다. 과거나 현재나 냉정한 국제 관계에서 자국의 이익을 위해서는 적이든 아군이든 특별한 구분이 없는 것도 사실이었다. 어떤 의미에서는 당시 미국이 대한민국을 해방시켜 준 국가라고, 따라서 우리를 위해 진정으로 모든 것을 다 해 줄 것이라고 믿었던 것이 잘못일 수 있었다.

친일파 청산, 임시정부의 기본 정책

해방 직후 대다수 민족 세력은 미국의 입장과 달랐다. 좌익이든 우익이든, 대부분의 민족 세력들은 친일파 청산을 하고 나서 이를 기반으로 새로운 국가를 건설하려 했다. 그래서 정부 수립 전에 해야 할 가장 첫 번째 과제가 '친일파 청산'이라고 믿었다.

대표적인 독립운동 단체인 임시정부는 1919년 설립 당시부터 친일파 청산을 주장했다. 임시정부는 1920년 12월 임시정부 기관지 〈독립신보〉에 반드시 처벌해야 할 처벌 대상자를 선정했는데, "친일 경찰이나 형사, 친일 부호, 일본 총독부의 관리, 배반자 등"이었다. 흔히 '칠가살(七可殺, 마땅히 죽여야 할 일곱 대상)'로 알려진 이들이 대부분 친일파였다. 임시정부는 이들을 친일파로 규정하고 암살 대상자로 지목해 직접 처단도 단행했다. 이것이 현재 문헌으로 확인될 수 있는 최초의 친일파 규정이라 할 수 있는데, 그 최초 규정이 바로 임시정부에서 나온 것이다.

해방이 다가오면서 임시정부는 친일파와 일제 잔재 청산의 중요성을 더욱 강조했다. 특히 1945년 8월과 9월 〈당면 정책〉이나, 김구의 〈성명서〉 등을 통해 친일파 청산이 신국가 건설의 기본 과제라는 사실을 수차례 재확인했다.

단순히 친일파 청산을 선언만 한 것이 아니었다. 1946년 9월 10일, 백범 김구가 당수로 있던 한국독립당 계열의 조경환이 '신한정의사'를 조직했다. 선열과 지사의 사적을 조사하는 동시에 "친일파, 민족 반역자들의 범행을 조사하여 가능한 범위 내에서 처리"하기 위해 만들어진 조직이었다. 목적은 '선열에 대한 추모, 독립운동 조사와 편찬, 친일파 조사' 등으로, 이것은 순국선열 추모 사업, 독립운동사 연구, 친일파 조사 같은 문제들이 각각 별개가 아니라 동일한 문제라고 인식했음을 뜻했다. 실제로 친일파 처벌은 독립운동가들을 예우하는 문제로 연결되어야 하고, 그분들을 추모하거나 독립운동사를 연구하는 문제와 떨어질 수 없었다.

임시정부는 여기서 끝나지 않았다. 내부적으로 친일파를 조사하고 구체적인 명단까지 작성했다. 현재까지 확인된 가장 대표적인 명부가 《친일파 군상》과 《참고건제일》이다. 《친일파 군상》에서는 일본 정계와 총독부 관료, 일제강점기 친일 기업인으로 알려진 43

명 명단을 비롯해 교육계와 종교계 친일파 19명, 언론계와 문화계 친일파 45명 등 사회 각 분야별 친일파들의 명단을 작성했다.

특히 일본에 국방헌금을 납부한 친일파 92명도 10만 원 이상 헌납한 사람, 1만 원 이상 헌납한 사람처럼 헌납한 금액별로 명단을 작성했다. 그뿐만 아니라, 일본군에 자진 입대한 지원병 36명과 혈서까지 쓰면서 일본에 충성을 맹세한 친일파 34명 명단도 별도로 작성했다. 국방헌금은 일본에 비행기 따위를 사서 제공하는 것으로, 이 무기들이 독립운동가들을 사살했기 때문에 임시정부는 국방헌금을 낸 사람들을 당연히 친일파로 인식했다.

한편, 이《친일파 군상》에는 다른 책에서 확인되지 않는 일본군 지원자 명단도 포함되어 있어 눈에 띈다. 일본군에 지원한 사람은 독립운동가를 살해하는 일을 하기 때문에 이들은 선별 여부와 상관없이 모두 친일파로 규정되었다. 자발적으로 일본 군인이 되고자 했던 지원병 가운데 일본 육사에 들어간 사람들이 있는데, 그 일본 육사 출신 중 대표적인 인물이 박정희다. 박정희 같은 경우 임시정부의 기준으로 보면 당연히 친일파 대상자였다.

임시정부에서 낸 이 책은 1948년 민족정경문화연구소에서 작성한《친일파 군상》과 제목은 같지만 양으로나 내용으로나 상당한 차이가 있다. 두 책의 관련성은 명확하지 않다. 하지만 임시정부에서 작성한 것은 분명하다. 작성한 사람은 임시정부 국무위원이자 한국독립당 감찰부장으로 있던 김승학 선생이었다. 대한민국 임시정부, 또는 백범 김구의 한국독립당 내부에서 친일파에 대한 인식이 상당히 구체적이었음을 알 수 있다.

임시정부에서 작성한 또 다른 친일파 명부인 《참고건제일》에는 평안북도 지역 경찰관 50명, 중추원 참의 출신 17명, 일본 도의회 의원 출신 22명, 고등계 경찰과 특수 경찰 출신 10명의 명단도 있었다. 이중 평안북도 출신 경찰관들은 주로 밀정이나 독립군 사냥꾼이었다. 평안북도는 만주 지역의 독립운동 근거지와 가까워서 독립운동가와 그 가족들을 탄압한 지역으로, 그래서인지 평안북도 지역경찰 명단을 별도로 작성한 점이 주목된다.

임시정부의 친일파 청산 정책은 다양한 곳에서도 확인된다. 1945년 8월 당면 정책에는 "적산은 무조건 몰수한 후 국유화시키고, 매국노와 독립운동을 방해한 자는 처벌하고, 그들의 재산은 국유로 한다"고 나온다. 친일파들을 단순히 법적으로 처벌하는 것만 아니라 재산까지도 몰수한다고 선언한 것이다. 사실 '적산'은 일본이 남기고 간 재산(공장, 농토 따위)인데, 일본이 패망하고 대부분 친일파들에게 위탁 관리를 둔 경우가 많았다. 이 재산은 이후 친일파들에게 넘어갔기 때문에 적산 국유화는 당연한 조치였다.

1948년 5·10 선거 당시 백범 김구와 임시정부 계열이 총선거에 참여하지는 않았지만, 제헌국회 소장파 의원들은 백범의 노선에 영향을 받은 측면이 많았다. 소장파 의원들은 백범을 정신적 지주로 생각하고 있었고, 그 뒤 반민특위에 참여한 사람들 상당수는 한국독립당이나 임시정부에서 활동한 경력의 소유자들이었다. 백범은 이후에도 이승만 정권이 반민법(반민족행위 처벌법)을 개정하거나 반민특위를 공격할 때 친일파 청산을 방해하는 행위라고 규정하며 반민특위 추진 세력의 방패막이가 되어 주었다.

우리는 흔히 우파는 친일파 청산을 반대하고, 좌파 세력들만 친일파 청산을 주장했다고 말하는 경우가 있다. 하지만 이런 논리는 우리를 이념으로 갈라놓으려는 세력들의 왜곡된 논리이다. 대표적인 우파 집단으로 알려진 대한민국 임시정부가 수차례에 걸쳐 친일파 청산을 주장했고, 기본 정책으로도 삼았으며, 더 나아가 해방 전후에 실제 처벌해야 할 친일파 명단까지 작성했다는 사실은 분명하다. 그런데도 친일파 청산은 좌파의 주장이라고 말하는 것은 친일파 청산 문제를 처음부터 '이념' 문제로 왜곡시키려는 음모로밖에 보이지 않는다. 반공 이데올로기를 이용해서 친일파 문제를 이념 문제로 대립시켜 논점을 흐리려는 것이다.

그리고 해방 직후 한민당이나 이승만 계열은 정부 수립이 급하니 정부를 먼저 수립하고 나서 나중에 친일파를 청산하자고 주장했지만, 이것도 겉으로는 그럴듯해 보여도 역시 친일파 청산을 하지 않겠다는 논리였다. 모든 민족 세력이 새 국가 건설 전에 친일파 청산을 하려 한 것은, 친일파들이 국가 권력을 장악하면 청산이 더 힘들어질 수 있다고 보았기 때문이다. 그런데 정부 먼저 수립하고 나중에 친일파 청산을 하자고 주장했던 사람들이 정부가 수립된 후에는 "국론 분열", "민심 혼란" 같은 이유로 또 다시 친일파 청산을 반대한 것을 보면, 이들의 논리는 시간을 끌다가 결국 친일파 청산을 하지 못하게 하겠다는 의도밖에 없는 것이다.

그러나 그들의 의도와 상관없이 해방 직후에 이미 구체적인 친일파 조사가 시작되었다. 앞서 임시정부도 《친일파 군상》, 《참고건제일》 같은 친일 명부를 만들었고, 좌파 민주주의민족전선에서도 '친일파 민족 반역자 심사위원회'를 구성하여 친일파를 조사했다. 그리고 지식인 단체였던 조선사회문제대책협의회도 '친일파 민족 반역자 실정 조사회'를 만들어서 친일파 조사를 했다.

이처럼 친일파 청산은 대한민국의 뿌리인 대한민국 임시정부의 기본 정책이었다. 또한 헌법에 "대한민국은 대한민국 임시정부의 법통을 계승한다"고 나와 있으니, 친일파 청산은 곧 대한민국 임시정부의 정신을 계승한 정책이자 헌법 정신을 계승한 정책으로 자리매김해야 할 것이다.

반민특위 기틀을 만든 남조선 과도입법의원

해방 직후부터 친일파 청산 문제는 다양하게 논의되었다. 그러나 이러한 논의는 정치 단체의 주장이고 정책이었을 뿐, 법이나 제도로 만들어진 것은 아니었다. 친일파 문제를 법적, 제도적 장치로 만들려는 첫 번째 노력은 모순되게도 '남조선 과도입법의원'에서 시작되었다. 남조선 과도입법의원은 미소 공동위원회의 미국 입장을 대변하기 위해 만든 남한 대표 기구였다. 즉 미국은 자신들이 '믿을 만한 사람'을 중심으로 남조선 과도입법의원을 만들어서 미국에 유리한 방식으로 한국 정부를 수립하고자 한 것이다.

그런데 미군정의 자문 기구로 만들어진 이 남조선 과도입법의원이 1948년 12월 개원하자마자 첫 번째 회의에서 바로 친일파 처벌법 제정을 논의했다. 그리고 만 3개월 만인 1947년 3월 친일파 처벌법을 공식 상정한 것이다. 이렇게 신속하게 친일파 처벌법을 제정한 것은 1946년 10월 1일, 대구 경북 지역에서 발생한 '10월 항쟁'과 무관하지 않았다.

1946년 10월 대구 지역에서 시위가 발생하자 경찰관들이 시위대를 향해 총을 발포한 사건이 일어났다. 이 과정에서 시위하던 시민 1명이 사살당하자 시위는 전국으로 확산되었다. 문제는 총을 쏜 경찰관이 일제강점기 친일 경찰 출신이었다는 것이다. 미소 공동위원회는 10월 항쟁의 원인으로 친일 경찰에 대한 국민적인 원망, 군정청 내 친일파가 많다는 것을 이유로 지적하면서 대책을 조속히 마련할 것을 요청했다. 미소 공동위원회의 조사에 의하면, 10월 항쟁 직후 남한의 경찰관은 총 2만 5천여 명이었는데, 이 가운데 5천명가량이 친일 경찰 출신이라고 했다. 미군정청도 자체 조사에서 친일 경찰 5,049명이 현재 근무하고 있다고 발표했다. 즉 일제강점기 독립운동가를 체포했던 경찰이 해방 후에도 시민들에게 총을 발표하고 사살까지 하자 국민적 원성이 확산된 것이다.

이렇듯 남조선 과도입법의원이 개원하기 직전에 발생한 10월 항쟁은 친일파 문제가 심각하다는 것을 전국적으로 확산시킨 계기가 되었다. 이에 따라 1946년 12월 남조선 과도입법의원도 개원과 동시에 '친일파 조사위원회'를 구성한 것이다.

　이런 외부 상황뿐만 아니라 내부 요인도 있었다. 미군정과 보수파 의원들의 반대에도 친일파 청산법이 제정될 수 있었던 것은 미군정 자문 기구인 입법의원에 김규식을 비롯해 정이형, 김붕준 같은 독립 운동가 출신이 대거 참여해 있었기 때문이었다. 그리고 밖에서도 조봉암, 이극노 들이 1947년 3월 '친일파 처벌법 실시를 위한 각 단체 연합 간담회'를 개최하고, 토론회와 강연회를 열어 "입법의원의 친일파 청산법 즉시 통과"를 요구하였다. 다양한 시민 단체들이 친일파 청산법 제정을 적극 건의하는 지원도 컸다.

　당시 남조선 과도입법의원은 친일파의 범위를 상당히 넓게 잡았다. 입법의원은 "일본에서 실행된 전쟁 범죄자 추방, 중국에서 단행한 한간(친일파) 처벌, 독일의 나치즘 처벌, 북한의 친일파 숙청 등의 사례"를 참고해서 친일파 숙청법을 만들었다. 그리고 외국의 사례를 감안해서 "부일 협력자가 10만에서 20만여 명, 민족 반역자가 1천여 명, 전범자가 2백에서 3백여 명, 간상배가 1만여 명에서 2, 3만여 명 등"으로 추산했다. 1948년 반민특위에서 조사한 친일파가 688명이고, 2005년에서 2012년까지 만든 《친일인명사전》에서는 4,776명 친일파를 확정했고, 2005년부터 2009년까지 활동했던 친일 반민족행위 진상조사위원회에서 1,005명을 조사한 것과 비교하면, 미군정 자문 기구였던 입법의원의 친일파 대상자는 상당히 광범위했음을 알 수 있다.

　이것은 사회 각 영역별로 친일파를 포함시킨 결과이기도 했다.

정치, 경제, 사회, 문화 단체와 언론 기관을 구분하여 분야별로 친일파를 모두 조사하고 청산하려 했기 때문이다. 또 자료를 조사할 때 북한의 친일파 숙청 사례를 참고했다는 점도 주목할 만하다.

한편, 친일파 처벌법에서는 친일파 청산 기구도 만들었다. 더 나아가 친일파 조사 기구로 광역시도에 도 조사부를, 군에는 조사 지부를 설치하도록 규정했다. 반민특위도 도 조사부를 만들었지만, 군 단위까지 조사 지부를 만들지는 못했던 것을 비교하면 남조선 과도입법의원 법안이 결코 형식적이지만은 아닌 듯하다. 또한 특별재판부도 별도로 마련했다.

이렇게 보면, 반민특위의 기본 틀이 이미 1946년과 47년 남조선 과도입법의원의 법안에 기초했음을 알 수 있다. 1948년 8월 정부가 수립되자마자 곧바로 반민법이 만들어지고 반민특위가 조직될 수 있었던 것도 이미 비슷한 내용의 법안이 만들어져 있었기 때문이었다. 그 기초는 모순되게도 미군정 자문 기구였던 남조선 과도입법의원에서 나왔다.

친일파 숙청법을 거부한 미군정

남조선 과도입법의원과 달리 미군정은 친일파 숙청법 제정을 처음부터 반대했다. 미군정으로서는 친일파들이 조선의 안정과 통치를 위한 인재였기 때문에, 이들을 제거하는 것은 사회 틀을 붕괴시키고 혼란을 야기시킨다 본 것이다. 독립운동가 출신 정이형이 1946년 12월 '친일파 조사위원회' 구성을 공식 제안하자, 미군정청은 "이들은 생존하기 위해 부득이하게 일본에 순응하지 않을 수 없었다. 살기 위해서 수많은 사람들이 일본 정치와 군수 산업에 참여했다. 그들 중에는 일본인에게서 능률과 규율을 배워 현재 한국의 발전을 위한 재능과 지식을 축적한 사람이 많이 있다"고 하면서 친일파 처벌법 반대 입장을 분명히 했다. 현재 일본이나 극우 학자들이 주장하는 일본의 조선 침략이 정당했다, 한국 발전에 도움이 되었다는 논리가 이미 1947년 미군정에서도 나왔던 것이다.

남조선 과도입법의원에서 1947년 3월 친일파 숙청법 초안이 만들어지자, 미군정은 이번에는 대한민국 정부 수립을 위한 선거법 제정이 급하다고 하면서, 선거법을 제정하고 나서 그 뒤에 친일파 숙청법을 제정하자고 반대했다. 친일파 청산을 반대했던 사람들과 같은 주장이었다. 미군정은 청산법 제정을 반대하기 위해 선거법 제정을 촉구하는 서한을 입법의원에 보내고, 동시에 사법부장(지금의 대법원장) 김병로에게 선거법을 제정하지 않으면 미군정은 독단으로 선거를 실시할 것이라고 협박하기도 했다.

그러나 미군정의 방해에도 친일파 숙청법이 1947년 7월 2일 입법의원을 통과하자 미군정은 이번에는 '인준' 자체를 거부하는 방식을 취했다. 그리고 4개월이 지난 1947년 11월에 가서야 공식 답장을 통보하면서, "남조선 과도입법의원은 한국민의 대표 기관이 아니기 때문에 입법의원에서 제정된 친일파 숙청법을 검토할 수 없다"고 답신을 보냈다. 입법의원은 미군정이 직접 만든 남한 대표 기구였지만, 이제 와서는 한국민의 대표 기구가 아니기 때문에 본 법안은 정당성이 없다고 거부한 것이다.

이런 가운데 일부 극우 의원들은 미군정에 서한을 보내 친일파 숙청법을 거부해 줄 것을 요청했다. 현재 극우 정치인들이 한국 문제를 국내에서 해결하지 못할 때 미국에게 해결을 요청하는 서한을 보내는 것과 너무도 같은 방식이었다. 미군정은 이것을 근거로 "입법의원 내 여러 의원들이" 친일파 청산법 제정을 거부하고 있다면서 인준 거부의 논리로 활용하기도 했다.

미군정이 친일파 청산법 인준 거부를 발표하자, 남한의 민족 세력들은 즉시 통과를 촉구했다. 원세훈, 김규식 같은 중도파 의원들은 입법의원의 휴회를 결의하기도 했고, 김규식 등은 미군정청에 1947년 12월 5일까지 인준해 줄 것을 요구했다. 이에 미군정은 법안을 좀 더 검토해 보겠다는 극히 외교적인 답변으로 일관하면서 시간을 흘려보냈다. 그러다가 결국 한국 문제가 유엔으로 이관되고, 남한 단독선거가 결정되며 친일파 숙청법은 더 이상 논의되지 못했다. ◉

구석구석 숨어 있던 미군정기 친일파들

대한민국 임시정부나 독립운동가 같은 민족주의 세력은 전쟁이 끝나면 즉시 독립이 될 것이라고 믿었다. 이에 견주어 미군정은 즉시 독립이 아니라 일정한 기간 공동 관리를 하면서 자신들에게 유리한 국가를 건설하려 했다. 이런 정책은 갈등을 빚을 수밖에 없었다. 결국 미국은 민족주의 세력을 배제하고 자신의 동반자로 친일파를 활용하는 정책을 썼다. 행정 관료부터 군, 경찰, 그리고 모든 영역에서 친일파가 재등용된 것이다. 이들이 해방 후 대한민국 사회의 첫 출발을 준비했다. 안타깝지만 한국 현대사의 첫 단추가 미군정에 의해 잘못 끼워진 것이다. 이에 미군정기 구석구석 숨어 있던 친일파들을 알아보기로 한다.

미군정기 친일 관료

1945년 10월 5일 미군정은 한반도의 상황이나 한국 사람들을 잘 알 수 없다는 이유로, 미군정청 행정 관료를 선출하는 자문 기구를 만들었다. 그런데 이 자문 기구(행정고문위원회)는 총 11명 의원 중 9명이 친일파거나 친일파 집단으로 알려진 한국민주당 소속이었다.

그뿐만 아니라 미군정 고위 관료, 장차관급 인사들도 상당수가 친일파나 친일 경력자 출신이었다. 이 가운데 경찰청장(조병옥), 서울 경찰청장(장택상), 대법원장(김용무), 검찰총장(이인), 보건후생부 장관(이용설), 농무부 장관(이훈구) 들이 친일 경력으로 논란이 되었다. 이들 말고도 문교부 장관 유억겸은 대화숙, 조선임전보국단 같은 친일 단체에서 활동한 인물이었고, 체신부 장관 길원봉은 조선 총독부 체신국 보험 계약과장, 토목부 장관 최경열은 조선 총독부 교통국 인천 건설 사무소 소장 출신이었다.

경기도 인천처장 정운갑은 1943년 일본 고등문관 시험을 합격하고 조선 총독부 관료로 진출한 일제강점기 법조인 출신이었고, 보건후생부 고황경 국장도 1942년 조선임전보국단 출신이었다. 미군정청 경제 정책을 총괄하던 중앙경제위원회 사무장인 한동석은 일제강점기 함경남도 경찰청 경무과장 등을 역임한 친일 경찰 출신이었다. 미군정기 조선은행 초대 이사를 역임한 백두진도 1934년부터 1945년까지 일제강점기 조선은행의 간부로 활동한 인물이었다.

친일파들은 정부 수립 후에도 승승장구했다. 정운갑은 이승만 정부 초대 총무처장을 거쳐 국회의원으로 진출했고, 친일 단체 출신 고황경도 1950년대 이화여대 교수로 재직하다가 1960년도 유엔 총회 한국 대표로 참석했다. 그는 1958년부터 1986년까지 대한어머니회 회장도 겸했다. 1961년부터 1984년까지는 서울여대 학장을 역임했다. 조선은행 간부로 활동한 백두진은 1949년 외자청장을 비롯하여 1950년 한국식산은행장, 1952년 재무부 장관 겸 국무총리 서리, 1973년 유신정우회 의장 등으로 활동했다. 이들은 이승만 정부를 거쳐 박정희 정권기까지 정권의 핵심에 있었다. 특히 일제강점기 법조인 출신이거나 경찰, 법 기술자 출신, 식민지 경제 정책에 관여한 인물들이 더욱 승승장구했다.

미군정청 간부 중 일부는 반민특위에 체포되어 조사를 받았다. 일제강점기 도회의원 출신으로 미군정기 후생부 장관으로 활동한 주병환, 국민총력연맹 이사 출신으로 미군정기 보건후생부 자문위원으로 활동한 오긍선, 일제강점기 군수 출신으로 미군정기 중앙물가행정처 감찰국장을 역임한 권갑중, 일본 총독부 기관지 《매일신문》 기자 출신으로 미군정청 공보부 여론국장을 역임한 이창수 등이 반민특위에 체포되었다.

미군정기 친일 경찰

해방 후 경찰 조직은 더욱 심각했다. 1946년 10월까지 임명된 서울 시내 10개 경찰서장 중 9명이 친일 경찰 출신이었고, 나머지 1명도 일제강점기 군수 출신이었다고 한다. 다시 말해 경찰서장 10명 모두가 친일파였다. 또한 경기도 경찰서장 21명 중 13명이 일제강점기 경찰로 근무한 경력의 소유자들이었다. 한국 현대사 연구자로 유명한 미국의 노학자에 의하면, 미군정청에서 근무한 경찰은 1946년 11월 당시 경위 이상 간부 총 1,157명 가운데 82퍼센트인 949명이 일제강점기 경찰 출신이었다고 한다.

경찰 조직도 더욱 확대되는데, 일제강점기 남한의 경찰 수는 12,000여 명이었으나, 1945년 11월에는 15,000여 명, 1946년 하반기에는 25,000여 명, 1948년 4월에는 35,000여 명, 그리고 1949년에는 50,000명으로 증가되었다. 해방 직후 경찰 조직은 단순한 치안 유지뿐만 아니라 미군정의 법 집행자로서 다양한 물리력으로 기능해야 했기에 더 많은 경찰이 필요했던 것이다. 이후 이승만도 친일 경찰을 치안 기술자, 법 기술자로 특별히 중시했던 것을 보면, 경찰을 비롯한 법 집행자들은 일제든, 미군정이든, 이승만 권력이든 권력의 '도구'로 작동하면서 권력층과 결탁해 또 다른 권력층으로 성장해 간 듯하다.

이들 친일 경찰들은 해방 후 제거되는 것이 아니라 권력층과 결탁해서 오히려 승승장구한다. 최운하는 1943년 경무국 보안과 일반 경관 출신이었지만 미군정기 수도 경찰청 사찰과장으로 승진했고, 해방 후 반민특위 요인암살음모 사건 등 공안 사건을 조작하면서 경찰 권력의 핵심으로 자리한다. 최경진은 1941년 평남 경찰 보안과장 출신이었지만 미군정에서는 경찰청 차장으로 승진했고, 1941년 평안북도 경찰부 보안과장을 역임한 전봉덕은 해방 후 경기도 경찰국장으로 승진했다.

이중 최운하는 1949년 반민특위에 체포된 인물로, 반민특위 와해 뒤인 1950년에는 서울시 경무국장이 되는 등 이승만 정권기 경찰청 핵심 인물이 된다. 전봉덕도 반민특위 조직 당시 헌병대로 도망쳤다가 체포되었지만, 이후 이승만 정권기에는 헌병 사령관으로 임명되기도 했다. 1950년에는 국무총리 비서실장, 1954년에는 재향군인회 서울 지회장, 1956년에는 서울시 교육위원회 법률 고문, 1960년에는 서울 변호사회 부회장, 1961년 5·16 군사 쿠데타 직후에는 '혁명 재판사 편찬위원회' 위원으로, 그리고 1981년에는 평화통일 자문위원회 위원 등을 역임했다. 일제강점기 치안 기술자, 법 집행자에서 출발해서 미군정기, 이승만, 박정희 정권기를 거쳐 대한민국의 핵심 권력층으로 성장한 것이다.

친일 경찰의 대부격인 노기주는 미군정기 경찰부장으로 임명되었고, 이후 이승만 정권기에는 친일파 처벌법으로 처벌되지 않도록 보호받기도 했다. 일제강점기 평남 보안과장 출신으로 일명 '고문왕'으로 알려진 노덕술은 1948년까지 서울 경찰청 관방장 겸 수사과장으로 발탁되었다가, 1950년에는 헌병 중령으로 이직을 한 후 1955년 육군 범죄수사단장으로 승진, 임명되었다. 강원도 고등계 형사 출신 이명흠은 해방 후 강원도 경찰청 부청장으로 임명되었고, 경남 지역 고등계 형사 출신 장자관은 해방 후 경상남도 경찰부장으로 승진했으며, 강원도 형사 출신 정주팔은 해방 후 춘천 경찰서장에 임명되었다. 경기도 형사과장 출신 최연은 1946년 경기도 경찰청 초대 총감으로 승진되는 등 반민특위에 체포된 친일 경찰들도 역시 해방 후에 승승장구하고 있었다.

미군정기 군대 친일파

미군정이 만든 국방 경비대, 곧 국군도 상황은 비슷했다. 한말 조선은 군사력이 약해 일본 식민지로 전락한 경험이 있었기 때문에, 많은 독립운동가와 젊은 청년들은 자주 국방과 강한 군대의 건설을 매우 중요하게 생각했다. 그러나 미군정은 기술 능력을 축적한 무장 독립운동가나 자발적으로 국군을 건설하려 했던 민족 세력은 모두 배제했다. 물리력을 가진 독립운동가들은 통제가 되지 않는다고 오히려 배제시킨 것이다. 그리고 그 자리에 일본군으로 근무했던 친일 경력자들을 등장시켰다.

미군정이 국군을 창설하는 과정에서 '인민보사 습격 사건'은 주목할 필요가 있다. 해방 직후인 1945년 남한에는 30여 개 군사 단체들이 군사 단체 통합운동을 추진하고 있었다. 이들 중 가장 큰 조직이 조선국군준비대와 광복군국내지대였다. 이들은 신탁통치 문제가 발생하자, 1945년 12월 31일 서로 통합할 것을 선언했다.

그런데 통합운동이 진행 중이던 1945년 12월 29일 특별한 이유도 없이 '건국청년회'라는 극우 청년 단체가 신문사인 '인민보사'를 습격하는 사건이 발생했다. 이를 저지하려고 출동한 국군준비대와 건국청년회가 시내 한복판에서 총격전이 벌어졌다. 그런데 미군정은 이를 빌미로 1946년 1월 8일부터 국군준비대와 광복군국내지대 등 모든 군사 단체를 '사설 군사 단체'라 규정하고 모두 해산할 것을 명령했다. 그리고 1월 15일 별도의 국방 경비대를 창설한다고 발표한다. 이때 만들어진 국방 경비대가 현재 국군의 뿌리가 되었다. 우리는 흔히 대한민국 국군의 뿌리는 대한민국 임시정부의 광복군으로 알고 있지만, 실제는 광복군을 배제시키고 미군정이 새로 만든 국방 경비대였던 것이다.

그런데 인민보사를 습격한 건국청년회는 이승만의 경호원이었던 이홍진이 깊게 관여하고 있던 조직이었다. 그리고 운영 자금은 보수 정당이면서 친일파 집단으로 알려진 한국민주당이 제공하고 있었다. 이 단체가 어떤 의도에서 인민보사를 습격했는지는 확인되지 않았지만, 미군정이 한국에서 자발적으로 만들어진 군사 단체를 해체하려고 오래전부터 준비해 왔던 것은 분명한 사실이었다.

1945년 9월 1일 미국 국무성은 독립운동을 했던 "의용군 및 준군사 조직의 즉각적인 무장 해제"를 미군정에 지시했고, 미군정은 1945년 11월 기존 군사 단체를 해체하고 새롭게 국방 경비대를 설치하겠다는 구상을 구체화시켜 이미 국무성까지 보고했다. 국방 경비대 창설은 확정된 정책이었다. 다만, 적절한 기회를 찾고 있었을 뿐이었다. 기회를 찾고 있던 미군정은 인민보사 습격 사건을 계기로 1946년 1월 28일 기존의 모든 군사단체를 '사설'로 규정하고 해산시킨 것이다. 그리고 거기에 결정적인 역할을 한 것이 친이승만 계열의 건국청년회였다.

더 큰 문제는 이렇게 만들어진 국방 경비대가 대부분 친일 경력자들로 장악되었다는 사실이다. 국방 경비대 총사령관은 일본 만주군 중좌 출신 원용덕(이후 제8 연대장)이었고, 제1 연대장 채병덕은 일본 육사 49기 출신, 제2 연대장 이형근은 일본 육사 56기, 제4 연대장 정일권은 육사와 일본 만주군관학교 출신이었다. 국방 경비대 제5연대를 창설한 백선엽도 일본 만주군관학교 출신이었다. 일본 육사 26기생으로 육군 대좌(대령)까지 오른 이응준은 미군정청 국방부 고문으로 활동하면서 국방 경비대 인원 구성과 창설 방식에 산파 역을 담당했다.

이들은 정부 수립 후에도 대한민국 국군의 핵심이 되었다. 정일권은 1950년 3군 총사령관 겸 육군 참모총장, 1960년 주미국 대사, 1963년 제3공화국 외무부 장관, 1964년 국무총리를 역임하였고, 1973년에는 국회의장으로 선출되기도 했다. 박정희와도 사이가 각별했는데, 두 사람은 일본 만주군관학교 동기이면서 다시 같이 일본 육사로 편입하기도 했다. 심지어 박정희는 5·16 쿠데타 후 미국 방문 시 자신의 이력서를 미국에 제출하면서, 당당하게 일본 육사 출신이라는 사실을 표시했다. 그들에게 일본 육사 졸업은 너무도 자랑스러운 이력이었다. 이런 자들이 대한민국의 핵심 특권층으로 성장한 것이다.

정일권과 마찬가지로 만주군관학교 출신 백선엽도 1950년 제1 사단장, 육군 참모총장과 합참의장을 역임했다. 대한민국 초기 국군은 일본군과 만주군 출신에 의해 장악되었다. 기가 막힌 것은 정일권이나 백선엽은 아직도 국군의 자랑스러운 선배 국군으로 모셔지고 있고, 보수 정치인들은 이들을 대한민국의 영웅으로 추앙하면서 이들을 공격하면 대한민국의 뿌리를 흔드는 것으로 몰고 있다는 사실이다. 대체 어떻게 친일파가 대한민국의 영웅이 되고 추앙받을 수 있을까.

일본 육사 53기 김정열은 초대 공군 총참모장, 국방부 장관, 주미국 대사, 국회의원(민주공화당) 등으로 발탁되었다. 일본 육사 55기 유재흥은 정부 수립 후 야전군 사령관, 연합 참모 본부장, 육군 중장을 거쳐 스웨덴, 이탈리아 대사와 국방부 장관, 대한석유공사 사장으로 발탁되었다. 일본군 출신 박임항은 미군정기 우익 청년 단체에 참여한 후 건설부 장관으로 임명되었다. 일본 만주군 출신 이한림은 육군 중장으로 예편한 후 건설부 장관, 국제관광공사 총재, 터키와 호주 대사로 임명되었다. 58기 정래혁은 중장 예편 후 한국전력 사장, 국방부 장관, 국회의원(민주공화당, 민주정의당 대표)을 역임했고, 59기 장창국은 육군 대장 예편 후 수자원개발공사 사장, 브라질 대사 등을 역임하다가 국회로 진출했다.

만주군관학교를 졸업한 강문봉은 육군 중장으로 예편 후 국회의원(민정당, 유신정우회)으로 출마했고, 스웨덴과 스위스 대사를 역임했다. 역시 일본 육사 60기인 장지량도 정부 수립 후 공군 중장으로 예편한 후 필리핀 대사를 역임했다. 60기 김윤근은 5·16 쿠데타에 가담해서 국가재건최고위원, 수도 방위 사령관, 해군 중장을 역임했으며 예편한 후에는 호남 비료 공장 사장, 수산개발공사 사장이 되었다. 일본군 지원병 출신 송유찬은 육군 참모총장, 5·16 직후 내각 수반을 비롯해 주요 요직에 발탁되었고, 최경록도 육군 참모총장, 2군 사령관에 임명되기도 했다.

한 연구에 의하면, 장군으로 승진한 군인들 중 일본군 출신이 226명, 일본 만주군 출신이 44명이고, 광복군 출신은 단 32명뿐이었다고 한다. 군 경력자의 90퍼센트 이상이 일본 만주군과 육사 출신이었다. 이는 미군정의 군사 단체 재편 정책의 방향이 무엇인지 극명히 보여 준다. 그리고 이들은 미군정기 발탁된 요직을 기반으로 대한민국의 권력층으로 더욱 성장했다.

미군정기 교육 문화계 친일파

1945년 8월 해방은 되었지만, 미군정이 친일파를 재등용시키면서 한국 사회는 다시 친일파들이 장악했다. 교육 문화계도 다르지 않았다. 일제강점기 변호사 출신으로, 조선변호사회 부회장까지 역임하고 조선임전보국단 이사로 활동했던 신태악은 해방 직후 1946년 '자유문화사'를 만들어 문화계 활동을 했다. 그리고 1952년 자유당 창립 준비위원, 1953년 자유당 감찰위원장 등을 역임하기도 했다. 일제강점기 법 기술자 출신이 사회 문화계 인사로 둔갑하고, 다시 보수 정당의 핵심 정치인이 된 것이다.

친일 언론인 출신으로, 일본의 대동아 전쟁을 찬양했던 백낙준은 1945년 이후 미군정기 세브란스의과대학 이사장, 대한청년연합회 이사장, 대한소년단 총재를 역임했다. 이후에는 이승만 정부 문교부 장관, 연세대학교 초대 총장, 반공연맹 아세아 지구 의장, 대한민국 초대 참의원 의장 들을 역임하였다. 친일 언론인 출신이 교육계 인사로 둔갑하고 이후 정치에 참여하여 대한민국의 핵심 권력층이 된 것이다.

1942년 경성 실내악단을 지휘한 친일 음악인 김성태는 해방과 동시에 고려 교향악 지휘자로 활동하면서 1947년에는 서울 교향악단 이사, 1949년에는 문교부 예술위원회 위원, 대한민국 예술원 회원, 그리고 1971년에는 한국방송윤리위원회 회원, 1973년에는 한국문화예술진흥회 이사를 거쳐, 1993년에는 대한민국예술원 원장으로 임명되었다. 대한민국 예술계의 핵심도 친일 예술인 출신이 장악한 것이다. 역시 친일 단체에서 활동했던 현제명은 미군정기 고려 교향악단을 창설하고 미군정청 명예회장으로 활동했으며, 이후 한국민주당 문교위원, 경성음악학교 교장, 서울대학교 예술학부 초대 음악학부장을 역임하면서 대한민국 음악계의 주류가 되었다. 친일 음악인에서 출발해서 정치인 교육자로 성장하면서 대한민국 예술계를 장악한 것이다.

일제강점기 조선미술가협회 의원 출신 김인승은 1947년 이화여대 미술과 교수로 부임하고, 1949년 제1회 국전 추천 작가, 국전 심사위원, 대한미술협회 부이사장, 예술원 정회원, 한국미술협회 이사장, 국제 조형미술협회 한국 위원장을 역임하였다. 미술계도 역시 친일 세력이 장악했다.

이렇게 보면, 1945년 8월 15일 해방은 단지 제2차 세계 대전이 끝났을 뿐, 대한민국은 여전히 해방이 되지 않은 것 같다. 해방 이후에도 친일파들은 한국 사회 각 분야를 여전히 장악하고 심지어 더욱더 특권층화되었다. 그리고 수십 년 동안 기반을 확고히 해서 한국 사회가 어떻게 변하든 뿌리까지 장악해 흔들 수 있게 되었다.

미군정이 의도했든 하지 않았든, 해방 직후 대한민국의 시작이 독립운동가들이 아니라 친일파였다는 점은 대한민국의 비극이었다. 미군정이 '효율성'이라는 미명하에 친일파를 활용한 정책이 그 뒤 대한민국 사회에 어떤 영향을 미칠지를 당시까지만 해도 아는 사람은 거의 없었다.

최초의 과거사 위원회

대한민국 역사에서 처음이었다. 그 뒤에도 다양한 위원회가 만들어졌지만 조사권뿐만 아니라 수사권이나 기소권, 심지어 재판권까지 가진 조직은 없었다. 오직 반민특위만 그랬다. 그 뒤 반민특위는 각종 과거사 위원회의 가장 모범적인 사례가 되었다.

반민법 제정, 전쟁의 시작 ✍

미군정이 친일파 청산을 거부하면서 친일파 청산 문제는 새로 수립되는 대한민국 정부의 과제가 되었다. 그리고 반민법은 대한민국 정부가 수립된 지 단 20여 일 만인 1948년 9월 7일 만들어졌고, 한달 뒤인 9월 22일 공포되었다.

이렇게 빨리 반민법이 제정될 수 있었던 까닭은 무엇일까?

첫째, 해방된 지 3년이 지났지만 여전히 친일파들이 한국 사회를 지배하고 있었기 때문이다. 친일파들은 해방 직후 곧바로 청산됐어야 했지만, 미군정이 오히려 친일파를 재등용시키면서 정부 수립 당시까지도 그대로 남아 있었다. 이 때문에 많은 국민들이 고통을 당하고 있었고, 새 정부에서는 더 이상 친일파들이 활보하게 해서는 안 된다는 국민들 여망이 그만큼 컸다. 따라서 친일파 청산이라는 시대적 과제도 더는 미룰 수 없었다.

둘째, 친일파 청산이라는 국민의 열망을 반민법 제정으로 연결시킨 제헌국회 소장파 의원들이 있었기 때문이다. 우리는 흔히 제헌국회 의원들을 단정(단독정부) 세력으로만 알고 있는데, 제헌국회 소장파 의원들은 주로 김구나 김규식, 그리고 조소앙 계열 쪽 사람이었다. 당시 김구와 김규식은 남북 협상을 추진하고 있었지만, "민족 세력이 모두 선거에 참여하지 않으면 반민족 세력이 국회를 장악할 것"이고 "향후 정부도 친일파들이 장악할 것"이라는 우려 속에서 5·10 단독선거에 참여한 세력이 일부 있었다. 바로 이들이 소장파가 돼서 친일파 청산법을 만든 것이다. 흔히 이들을 참여적 개혁 세력으로 평가하기도 하는데, 이들은 국회에서 친일파 청산법을 만들고 반민특위 활동에 앞장섰다.

셋째는 대한민국 '헌법'에 친일파를 처벌할 수 있는 법적 근거가 만들어졌기 때문이다. 애초에 1948년 6월 3일 만들어진 헌법 초안에는 친일파 처벌 규정이 없었다. 그러나 헌법 논의 과정에서 "국회는 1945년 8월 15일 이전의 악질적인 반민족행위자를 처벌하는 특별법을 제정할 수 있다"는 조항을 넣으면서 이를 근거로 비로소 반민법을 만들 수 있게 된 것이다.

이런 배경 속에서 국회는 곧바로 반민법 제정을 위한 특별위원회를 만들었다. 당시 대한민국 국회는 1948년 5월 10일 선거로 구성돼 5월 31일 첫 회의를 열었는데, 6월부터 바로 반민법 문제를 논의한 것이다. 그리고 신속히 법을 만들어 9월 22일 공포했다.

국회가 이렇듯 짧은 시간 안에 복잡한 반민법의 다양한 내용을 담아낼 수 있었던 것은 해방 직후부터 모든 독립운동 단체들이 친일파 청산 방법을 논의하고, 남조선 과도입법의원에서 이미 친일파 숙청법 초안을 만들어 두었기 때문이다. 미군정은 숙청법 공포를 거부했지만, 그때 이미 완성도 높은 친일파 처벌법 초안이 입법의원에서 만들어져 있었다. 제헌국회에서는 이들 조항을 다시 하나씩 검토해서 의원들 의견을 반영하고 반민법을 확정시킨 것이다.

국민들은 대대적으로 환영했다. 모든 언론들은 "과연 민족정기는 죽지 않았다. 우리는 기대한다. 반민족행위 처벌은 결코 보복적인 감정이 아니다. 대한민국의 정신을 살리고 사리사욕 때문에 민족을 파는 반역자가 다시는 생겨나지 않도록 하는 교훈적 의의가 크다"고 연일 보도했다. "전 민족은 40여 년간 일제의 식민 정책으로 기아와 공포로 떨고 있었는데, 일제의 앞잡이들은 갖은 교태로 일제에 아부 충성을 다하고 독립지사를 검거, 투옥, 고문치사케 하기도 했다"면서, "이런 친일파를 심판"하는 것은 "새로운 민족반역자를 용납해서는 안 된다는 목적"이고 "삼천만 동포가 정신을 찾자는 겨레의 의지"라는 보도도 나왔다.

한편 친일파들은 "반민법이 공포되자 고관들이 동요하고 있다"는 보도가 나올 정도로 크게 동요했다. 일부는 미리 상황을 알고 해외로 도망가거나 피신하려는 경향도 보였다. 여기저기서 대한민국이 드디어 친일파를 처벌할 것이고, 새로운 대한민국이 만들어질 것이라는 희망이 나오기 시작했다.

하지만 반민법은 결코 쉽게 만들어지지 않았다. 정부부터 보수 국회의원, 보수 단체와 보수 언론, 그리고 친일파들이 반대하며 총공세를 단행했기 때문이다. 거기다 이승만 대통령과 대한민국 정부 자체가 반민법 제정을 반대하고 나섰다. 이승만은 심지어 국무회의까지 개최해 정부 차원에서 반민법을 반대한다는 〈비토 결의서〉를 작성하기도 했다.

반민법 반대 비토 결의서

1. 반민특위(특별재판부)에 국회의원이 포함된다는 것은 삼권 분립 정신에 배치되고 사법권을 침해한다.
2. 친일파를 처벌하는 재판관을 임의로 정하는 것은 "법관의 자격을 규정한" 법률에 위반된다.
3. 선악을 불문하고 그 직위에 따라 일률적으로 처벌하는 것은 헌법 정신에 위배된다. 《민족정기의 심판》, 혁신출판사, 1949

이 결의서는 당시 정부의 다른 법률안 통과를 위해 국회와 갈등할 수 없어서 최종적으로는 제출되지 않았지만, 당시 언론 등을 통해서는 이미 발표되었다. 공식적으로 발표하거나 국회에 제출하는 것은 불편했지만, 비공식적으로는 언론에 정부 입장을 흘려 보도한 것이다.

그런데 반민법이 만들어지자 이승만은 뻔뻔하게 친일파들은 기술 능력이 뛰어난데 반민법은 이들이 국가 건설에 참여할 기회를 막는 것이라면서, "통일 정부가 수립된 이후에나 친일파를 청산하자"는 성명서를 발표했다. 미군정기에는 정부 수립 후에 친일파를 청산하자고 하더니, 정부가 수립되자 이번에는 통일 정부가 수립된 이후에 처벌하자며 반민법을 반대한 것이다. 결국 청산하지 말자는 말과 같았다.

보수 언론과 관변 단체들도 반민법 반대를 조직적으로 하고 있었다. 뒤에서 다시 설명하겠지만, 첩자 출신으로 해방 직후 극우 신문인 대동신문사를 만든 이종형은 "반민법은 망민법"이라는 보도를 지속적으로 연재해서 논란이 되었다. 이종형은 당시 내무부(지금의 행정안전부) 장관 윤치영과 함께 관변 단체를 동원해 반민법 반대 국민대회를 준비하기도 했다. 이 국민대회에서 "친일파 처단을 주장하는 놈은 공산당의 주구"라는 삐라를 살포했고, 극우 청년 단체들도 이에 질세라 국회와 시내 곳곳에 반민법 반대 삐라를 살포했다. 이런 일련의 사건으로 반민특위는 이종형과 극우 단체 주동자들을 반민법 위반 혐의로 체포하기도 했다.

반민법은 전 국민의 여망 속에 대한민국 정부 수립과 함께 만들어졌다. 하지만 친일파와 그 비호 세력들도 다양한 방식으로 반민법 제정을 반대하고 있었기 때문에, 어떤 의미에서 보면 반민법 제정은 대한민국의 권력층, 곧 특권 세력과의 전쟁을 선포하는 것과 같았다. 그리고 마침내 반민법이 제정되었다. 이제 대한민국 특권층, 권력층과의 전쟁이 시작된 것이다.

반민법과 헌법 101조 🔍

　반민법은 누가, 어떻게 만들었을까? 반민법은 국회에서 제정되었기 때문에 그 과정을 먼저 살펴보는 것이 필요하다. 반민법은 처음부터 갑자기 만들어진 것이 아니었기 때문이다.

　우선 첫째, 국회에서 대한민국 헌법을 만들면서 반민법을 제정할 수 있는 법적 '근거'를 만드는 과정이 필요했다. 만약 헌법에 친일파 처벌을 위한 법적 근거가 없다면 반민법은 만들 수 없기 때문이다. 둘째, 실질적인 반민법을 만들기 위해서 '반민법 제정 특별위원회'를 구성해야 했다. 이 특별위원회에서 각 조항별로 논의를 거쳐 반민법의 문구와 조항을 만들었다. 셋째, 특별위원회에서 만든 반민법 안을 최종적으로 제헌국회 전체 회의에서 투표를 거쳐 통과하는 절차를 밟았다. 이렇게 헌법위원회, 특별법 제정위원회, 제헌국회 전체 회의에서 각각 조항별로 논의를 하고 확정시켜 만든 반민법을 1949년 9월 23일, 대통령이 공포한 것이다.

　반민법 제정에서 가장 핵심적인 조직은 반민법 제정 특별위원회이지만, 놓치기 쉬운 과정이 바로 '헌법' 제정 과정이다. 앞서 짚었듯 헌법, 특히 제101조에 "1945년 8월 15일 이전의 악질적인 친일파를 처벌하는 특별법을 제정할 수 있다"는 내용이 포함되면서 비로소 반민법 제정이 가능했기 때문이다. 만약 제헌헌법 101조가 없었다면 반민법은 만들어질 수 없었을 것이다.

　사실 처음 제출된 헌법 초안에는 친일파를 처벌하자는 어떤 내용도 없었다. 당시 헌법 초안을 작성한 유진오는 "헌법 논의 과정에서 일제강점기 반민족행위자를 처벌해야 하지 않겠느냐, 이를 위해서는 헌법에 특별법의 근거가 될 만한 규정을 넣어 두어야 하지 않겠느냐는 말이 나와서 101조 조항이 추가되었다. 누가 그것을 먼저 주장했는지는 기억이 나지 않지만 그때 정세로는 누구도 그것을 반대할 수 없었다"고 회고했다.

헌법 초안을 만든 위원들은 유진오처럼 대부분 일제강점기 조선총독부에서 일한 검사나 변호사로, 소위 '법률가' 출신이었다. 그들은 친일파 청산을 향한 민족적 요구나 각 정치 단체의 친일파 청산 강령을 모르지는 않았지만, 스스로는 친일파 처벌 조항을 절대 포함시키려 하지 않았다. 자신들이 바로 친일파로 지목되고 있었기 때문이다.

당시 법률가들은 독립운동가와는 거리가 멀었다. 물론 김병로처럼 독립운동가를 무료 변호한 경우도 있긴 하지만 매우 예외적인 사례였고, 대부분 법률 전문가들은 총독부 정책에 따라 독립운동가를 기소하고 처벌하는, 이른바 '법 기술자들'이었다. 이런 법 기술자들이 대한민국 헌법을 만들고 여러 법률의 기본 틀을 만들었다. 사실 이들이 가장 무서운 친일 세력 가운데 하나였으나, 친일파 청산 논의 때도 그들은 법의 절차를 잘 아는 데다 법을 만들고 운영하는 법 전문가라는 필요성으로 대부분 빠져나갔다.

이들은 헌법 초안을 만들 때도 의도적으로 친일파 처벌 조항을 제외시켰다. 하지만 소장파 의원들이 제헌국회에서 친일파 청산 필요성을 주장하고 법률 조항을 포함시켰다. 당시 국회 속기록을 보면 소장파 오용국, 윤석구 의원이 친일파를 조사하는 특별위원회를 구성하자고 주장했고, 조헌영과 노일환 의원은 친일파들을 조사하고 심판하기 위한 특별경찰대와 특별재판부 설치를 제안했다. 물론 보수파 의원들은 "삼권 분립에 위배된다"고 반대 의견을 내기도 했지만 모두 거부되었다.

결국 헌법 제101조에 따라 국회에 특별위원회를 두었고, 여기서 구체적인 반민법 조항을 만들기 시작했다. 소장파 의원들은 반민법이 친일파를 실질적으로 '처벌'할 수 있는 법이 될 수 있도록 그 기틀을 만들어 나갔다.

이를테면 한민당 의원들이 친일파의 경제권 박탈을 "그들의 생활이 곤란하다"는 이유로 반대하거나 축소시키려 했을 때 소장파 의원들은 강력히 거부했다. 김명동 의원은 독립운동가를 살해한 자는 '사형'에 처할 수 있다는 조항을 포함시키기도 했다. 김경배 의원은 친일파의 재산 몰수 조항을 포함시켰고, 오기열 의원은 반민특위 도 조사부 위원장을 독립운동 경력자로 뽑자는 선출 기준안을 제안했으며, 강욱중 의원은 특별재판부를 구성할 때 현재 법관이나 검사들이 주로 일제강점기 판검사 출신이 많으니까 이들의 수를 줄이고 민간 변호사나 사회 인사도 포함시킬 것을 제안했다. 그만큼 법률 전문가들에 친일파가 많았기 때문이었다.

김약수 의원은 무엇보다 제헌국회 안에도 친일파가 있으니 우선 국회 내부의 친일파를 조사하자고 제안했다. 더 나아가 김웅진, 김인식 의원은 이승만 정부 관료 중에도 친일파가 있으니 정부 내 친일파를 조사하자고 주장했다. 실제로 법제처장 유진오, 교통부 장관 민희식, 상공부 차관 임문환 들이 친일 경력이 있다고 실명이 거론되자 이들에 대한 탄핵을 건의하기도 했다.

당시 반민법은 해방 전후 국내외에서 논의된 다양한 과거사 청산법을 참고해서 만들었다. '해방 이후 각 단체에서 만든 초안', '38선 이북의 인민위원회에서 만든 법안', '일본에서 본 공직자 추방령', '중국 장개석의 전범 처리' 같은 것이었다. 각 정치 단체에서 주장한 친일파 청산 기준을 참고하고 반영했을 뿐만 아니라, 외국의 과거사 청산법에 북한의 친일파 숙청법도 참고한 것이다. 당시만 해도 남북한은 서로 정보를 교류하고 참고하고 있었다.

이런 과정을 거쳐 반민법은 1948년 9월 7일 국회에서 참석 141명, 찬성 103명, 반대 6명으로 통과되었다. 그리고 1948년 9월 22일, 마침내 법률로 공포되었다.

우리는 가끔 친일파 숙청법, 또는 반민특위가 일부만의 주장이거나 좌파들만의 주장이었다고 왜곡해서 말하기도 한다. 하지만 이승만 계열과 한민당 계열이 다수였던 제헌국회에서도 반대가 오로지 6표에 141명이 찬성할 정도로 국회의 절대적인 찬성 속에서 통과한 법이었다. 당시 이 법을 반대한 사람은 이승만 정권과 친일파들뿐이었다. 그렇게 보면 현재도 친일파 청산을 반대하는 세력의 뿌리를 찾아보면 최소한 단정 세력은 아니다. 제헌국회의 보수 세력도 아니다. 그들도 찬성했기 때문이다. 결국 남은 것은 이승만이나 친일파 같은 세력으로밖에 볼 수 없다.

반민법의 구성은?

반민법은 어떤 내용으로 구성되었을까? 반민법은 제1장 죄, 제2장 특별조사위원회, 제3장 특별재판부 구성과 절차, 그리고 부칙까지 총 3장 32조로 구성되었다.

제1장 '죄'는 어떤 사람을 친일파로 규정할 것인가, 친일파로 규정된 사람을 어떻게 처벌할 것인가를 다루고 있다. 제1조는 이렇게 시작한다.

"일본 정부와 통모하여 한일합병에 적극 협력한 자, 한국의 주권을 침해하는 조약, 또는 문서에 조인한 자와 모의한 자는 사형 또는 무기 징역에 처하고, 그 재산과 유산의 전부 혹은 2분지 1 이상을 몰수한다."

제1장 내용을 좀 더 자세히 살펴보면 첫째, 친일파를 처벌하는 데 있어 신체형뿐만 아니라 재산의 전부, 또는 반을 몰수하는 재산형을 포함시켰다. 정당한 방법으로 모은 재산이라 보지 않았기 때문이다. 둘째, 정부 내 친일파, 즉 친일 경력이 있는 '정부 관료'를 처벌할 수 있는 근거를 포함시켰다. 친일파 청산의 최대 방해자가 정부 기관일 수 있다고 보고 별도로 조항을 마련한 것이다.

셋째, 반민특위 활동을 방해하는 경우도 처벌할 수 있도록 했다. 친일 행위뿐만 아니라 친일파 처벌을 '반대'하는 것도 같은 죄로 본 것이다. 이중에는 친일파들을 지나치게 옹호한 변호사 같은 법률 전문가들도 포함되었다. 그만큼 당시 법률 전문가들은 친일파 이상으로 반민족행위를 하고 있었던 것이다.

넷째, 친일파 처벌 방식은 해방 직후부터 논의해 왔던 내용들과 미군정기 남조선 과도입법의원의 친일파 숙청법을 모두 계승해 만들었다. 그냥 갑자기 법을 만든 것이 아니라 독립운동 과정에서, 그리고 해방 이후 민족 세력들이 오랫동안 함께 논의한 내용까지 다 응축해서 반민법을 만든 것이다.

제1장에 이어 제2장과 제3장에서는 반민특위 특별조사위원회와 특별재판부의 구성과 절차를 다뤘다. 여기서 가장 중요한 점은 친일파 처벌을 위해 반민특위가 정부와 독립된 기구로 운영될 수 있도록 했다는 것이다. 그래서 특별조사위원회뿐만 특별재판부와 특별검찰부, 그리고 특별경찰대까지 별도로 만들어서 '조사권, 경찰권, 재판권'까지 갖춘, 정부에서 완벽히 독립된 조직이 되도록 했다. 이는 당시 법원, 검찰, 경찰계 대다수 인사들이 친일 법조인이거나 친일 경찰이었기 때문에 정부의 통제를 받지 않는 조직으로 만드는 것은 필수 불가결한 조치였다.

물론 반민법은 제정 당시 "개전의 정이 현저한 자는 그 죄를 경감, 또는 면제할 수 있다(제1장 6조)"는 조항을 근거로 "반민법이 곧 친일파 사면법"이라는 비판도 있었다. 대표적 중도지였던 《자유신문》도 반민법이 "악질자, 자발적 협력자"들을 중심으로 "각 단체의 대표적 1인으로 하여금 100인을 처벌하는" 방향에서 만들어졌다고 보았다.

하지만 이런 '가감형'은 해방 직후 남한뿐만 아니라 북한에서도 비슷하게 있었다. 오히려 북한은 더 광범위하게 가감형을 적용시켰다. 그러나 이 정도의 완화된 법마저도 이승만 정부와 친일파들은 받아들이지 못했다. 친일파들이 진정으로 사죄하고 반성하는 경우도 끝내 없었다.

처음이자 마지막 과거사 위원회

일반적으로 국회에서 구성되는 ○○특별위원회는 대부분 특정 사안을 조사만 하고 기소 여부는 검찰에서, 재판은 법원에서 처리한다. 그런데 반민특위는 그렇지 않았다. 조사뿐만 아니라 검찰의 기소 업무와 법원의 재판 업무를 한곳에서 할 수 있도록 만든 것이다. 대한민국 역사에서 이렇게 조사권과 기소권, 재판권을 모두 가진 위원회는 반민특위가 처음이자 마지막이었다. 대한민국 최초의 과거사 위원회였다.

'반민족행위 특별조사위원회', 곧 반민특위는 특별조사위원회와 특별검찰부, 특별재판부로 구성되었다. 친일파 청산은 특별조사위원회에서 친일파를 조사하면, 이를 기초로 특별검찰부가 기소하고, 특별재판부가 재판을 하는 방식으로 진행되었다.

특별조사위원회는 먼저 친일파들의 행적에 대한 기록, 문헌 등을 조사해 친일파들의 목록을 작성했다. 또한 친일파 스스로 자수하는 경우도 있었지만, 대부분은 서울과 지방 각 지역에 설치한 '투서함'을 통해 제보를 받아 진행했다. 반민특위는 투서 방식을 언론에 공고했는데, 당시 투서함에 신고된 친일파들이 너무 많아 친일파 조사의 핵심 단초가 되자, 이후 친일파들은 투서함을 파괴하는 경우도 많았다.

친일파 조사와 체포는 특별경찰대의 보호하에 이루어졌다. 체포된 친일파들은 각 도에 있는 형무소에 일시 수감되었다가 조사관의 예비 조사 후 관련 자료와 함께 특별검찰부로 이송되었다. 특별검찰부는 이송된 자료들을 재조사하여 기소 여부를 결정하고 기소된 친일파들은 특별재판부의 재판을 받았다.

그럼 반민특위에는 어떤 사람들이 참여했을까? 특별조사위원회는 각 도 국회의원 중에서 1명씩 대표를 뽑아 전국에서 총 10명 의원을 선출했다. 그런데 일부는 김준연 의원처럼 친일 단체나 일본 총독부 관리 출신도 있었다. 이 때문에 친일파들은 경력을 문제 삼아 반민특위의 도덕성에 흠집을 내거나, "너희도 적합하지 않은데 누굴 조사하느냐" 하면서 반민특위를 공격하기도 했다.

반민특위 위원들이 모두 적합한 위원들로 구성되지 못한 것은 당시 5·10 선거와 무관하지 않았다. 제헌국회 다수는 한민당과 이승만 계열이었다. 친일 경력자가 많았기에 이들은 자신들 세력을 특별조사위원으로 선출하려 하였다. 본인들이 참여해야 최소한 자신은 처벌받지 않을 것이라 보았기 때문이었다.

그럼에도 이들의 목소리는 크지 않았다. 친일파 청산을 향한 국민들의 목소리가 워낙 커서, 반민특위 초기까지만 해도 친일파 처벌에 소극적인 위원들의 목소리는 그리 크지 않았다. 그러다 보니 김상덕 위원장을 비롯하여 김명동, 김경배, 오기열 의원처럼 친일파 청산에 적극적인 사람들이 실질적으로 반민특위를 운영했다. 이들 중 일부는 독립운동가 출신이었고 백범 김구와 함께 한국독립당에서 활동했던 인물들이었다. 안타깝게도 이들 상당수는 반민특위 요인 암살음모 사건이나 국회 프락치 사건 같은 것에 연류돼 이승만 정권의 공안 정국에 희생되었다.

반민특위는 특별검찰부를 별도로 두었는데, 이는 앞서 말한 것처럼 당시 친일 경력자들이 미군정에 의해 다시 판검사가 되어 법조계를 장악했기 때문이다. 이런 상태에서 그들에게 친일파들의 기소나 재판을 맡길 수는 없었다. 특별조사위원회에서 조사해 친일파를 검찰에 보내도, 친일 검찰들이 '불구속 처분'을 내리거나 대충 처리하면 처벌이 불가능했기 때문이다. 그래서 검찰관도 법조계 출신은 단 2명만 포함시키고 국회의원 5명, 사회에서 선출한 인사 2명을 추가로 뽑았다. 당시 법률 전문가들이 주로 친일 관료 출신이었기 때문에 나온 부득이한 조치였다. 이렇게 구성된 특별검찰부는 이승만 정부의 검찰이 아니라, 반민특위에 소속된 '별도'의 검찰이었다.

특별재판부도 사정은 비슷했다. 특성상 법조계 인사가 5명 참여했지만 국회의원이 5명, 일반 사회 인사도 5명이 참여했다. 특별검찰부와 마찬가지로 상당수 법관들이 친일 경력자였던 상황에서, 친일파를 처벌하기 위한 '애국적'이면서도 법률 '전문가'인 사람은 거의 없다는 점을 감안한 조치였다.

특별재판관 가운데 '애국적'이면서도 '전문적'인 자질을 갖춘 몇

안 되는 사람 중 한 명이 초대 대법원장으로 선출된 김병로였다. 김병로는 일제강점기에 김용무와 함께 독립운동가를 무상 변호한 것으로 유명하다. 해방 직후에는 토지 문제와 관련해 "지주 토지의 무상 몰수"와 "농민에게 균등 분배"를 주장할 정도로 진보적 성향의 인물이었다.

그 밖에도 특별재판관 오택관은 김구의 한국독립당 옹진군 위원장으로 활동했으며 홍순옥, 김장렬은 독립운동가 조소앙이 만든 사회당에 참여한 인물들이었다. 특별재판부의 핵심 인사는 법조계 출신이 아니라 독립운동가, 사회운동가 출신이었다. 일부 적합하지 않은 사람들도 있었지만, 전반적으로 국회 소장파 의원들과 민족적 성향의 사회 인사들이 대거 반민특위에 참여했던 것이다.

특별검찰부, 특별재판부 설치를 두고 이승만은 삼권 분립에 어긋난다면서 지속적으로 해체를 요구했다. 하지만 친일파들이 장악한 법조계에서 친일파를 법적으로 처벌하기 위해서는 부득이한 조치였다. 무엇보다 반민특위 모든 조직은 임의로 만든 것이 아니라 국회에서 여야가 합의한 특별법에 의해 만들었다. 이승만과 친일 세력들은 불법 기구라고 몰았지만, 국회에서 법까지 만들어 만든 조직을 불법이라고 하는 것 자체가 억지 주장일 뿐이다.

이렇게 보면, 1948년 친일파 청산을 위해 만들어진 반민특위는 2005년 노무현 정부 때 만들어진 '친일 반민족행위 진상조사위원회'와 다른 점이 있다. 가장 큰 차이는 2005년 진상조사위원회는 친일파를 '조사'하기 위한 조직이었다면, 1949년 반민특위는 친일파 조사뿐만 아니라 친일파를 '처벌'할 수 있도록 만든 조직이었다는 점이다. 그래서 기소와 재판까지 함께할 수 있는 특별검찰부와 특별재판부가 필요했던 것이다. 반민특위는 조사를 넘어서 '실질적인' 처벌을 위해 만들었다. 친일파 청산은 그렇게 시작되었다.

반민특위의 숨은 일꾼들

반민특위는 국회의원이나 조사위원들로만 운영된 것이 아니었다. 특별조사위 위원, 특별재판부 재판관뿐만 아니라 실제 실무 업무를 추진하는 사무국이 있었다. 사무국은 조사관과 사무관 각각 15명으로 구성되었다. 총 3개 부서로 나누어 제1 조사부는 정치와 경제 분야 친일파를 조사하고, 제2 조사부는 문화와 교육 분야, 제3 조사부는 사회 분야를 담당해 각 분야별로 친일파를 조사했다.

일반적으로 사무국 직원들은 단순 보조 업무를 담당하는 사람들로 이해하기 쉽지만, 친일파 사전 조사와 명단 작성, 체포와 기소, 조사서 작성 같은 반민특위의 실질적인 모든 업무를 조사관들이 담당했다. 실제로 이들이 없다면 반민특위는 단 하루도 작동할 수 없었을 것이다.

그러다 보니 사무국 조사관이 매우 중요했다. 조사관은 어떤 사람들로 구성되었을까? 상당수 민족주의적 인물들이었다. 예를 들면 중앙 사무국 제1 조사부 이병홍 부장은 1945년 10월에 결성된

《조선독립운동사》편찬위원회에 참여해서, 일찍부터 친일파 청산에 대한 글을 써 왔던 인물이었다. 제2 조사부 강명규 조사관은 3·1 운동에 참가하였다가 1921년 임시의정원 의원으로 활동하고, 1924년에는 만주로 건너가 통의부, 정의부, 신민부 들에 참여한 독립운동가 출신이었다. 해방 직후에는 김구의 한국독립당 감찰위원으로도 활동했다.

제 2조사부 서상열 조사관은 학병 출신으로 일본군을 탈출해서 광복군에 입대한 후, 1944년 10월 임시정부 대원이 되었다. 그리고 1945년 1월에는 광복군 총사령부에서 근무한 독립운동 경력자였다. 이원용 조사관은 1946년 1월 28일 김구의 비상국민회의주비회에 참여했고, 정진용 조사관은 건국준비위원회에 참여했으며, 1948년 10월 9일 대한독립노동총동맹 선전부장으로 활동하기도 했다. 구연걸 조사관은 1945년 10월 3일 김명동 의원이 조직한 무명회의 재무부장으로 활동했다.

또한 반민특위는 친일파 조사 시 신변 보호와 구속 업무를 지원하기 위해 '특별경찰대'를 만들었다. 김상덕 위원장이 제안해서 별도의 법을 만들어 설치한 조직으로 총경 1명, 경감 5명, 경위 14명, 경사 20명까지 모두 40명으로 구성되었다. 특경대(대장 오세윤) 또한 내무부 경찰청의 통제를 받는 일반 경찰과 달리, 반민특위의 지휘와 명령을 받는 독립된 조직이었다. 특경대는 주로 친일파 조사와 정보를 담당하는 부서와 반민특위의 경비와 위원들의 신변 보호를 담당하는 부서로 나뉘어 있었다. 특별검찰부와 마찬가지로 특별경찰대도 대통령 이승만의 통제를 받지 않았다.

이승만이 가장 두려워한 조직이 바로 이 특경대였다. 본인 통제에서 벗어나 있으면서도 일반 경찰과 같이 누구나 체포하고 구금할 수 있는 권한을 가졌기 때문이었다. 당시 경찰은 내무부의 통제를 받아 이승만의 수족처럼 쓰였다. 이승만의 지시가 내무부를 통해 내려가고, 내무부는 물리력인 경찰 조직을 통원해 없는 죄도 만들거나 있는 죄를 무마하기도 했다. 이승만은 자신을 지탱해 주는 물리력이 경찰 조직이라고 믿었다. 그런데 자신의 통제를 받지 않는 또 다른 경찰 조직이 만들어졌으니 그 사실 자체만으로도 이승만에게는 위협이 됐다.

그러다 보니 경찰권을 둘러싸고 이승만 대통령과 일반 경찰, 반민특위와 특경대와의 갈등은 처음부터 심했다. 이승만과 경찰은 특경대가 불법 조직이라면서 해체해야 한다고 지속적으로 요구했다. 1949년 6월 발생한 반민특위 습격 사건도 형식적인 이유는 특경대의 무장 해제였다. 그만큼 특경대는 이승만과 친일 경찰의 위협이었던 것이다. 그러나 반민특위 특경대는 국회에서 여야 합의로 법률까지 만들어 조직된 기구였다. 이런 조직을 '불법 조직'이라고 매도하는 것이 초법적인 행동이었다.

이렇듯 반민특위는 흔히 알고 있는 친일파 조사위원회뿐만 아니라, 친일파 기소와 재판을 위한 특별검찰부와 특별재판부, 그리고 업무를 보조할 사무국과 특별경찰대까지 별도로 둔, 자기 완결적인 조직이었다. 그만큼 독립적으로 친일파를 조사하고 처벌까지 할 수 있었다. 이런 유형의 위원회는 대한민국 역사에서 처음이었다. 그 뒤에도 다양한 위원회가 만들어졌지만 조사권뿐만 아니라 수사권이나 기소권, 심지어 재판권까지 가진 조직은 없었다. 오직 반민특위만 그랬다.

그 뒤 반민특위는 각종 과거사 위원회의 가장 모범적인 사례가 되었다. 그리고 이 조직을 실질적으로 운영한 사무국 조사관이나 특경대 대원들은 반민특위 위원들보다 역사 속에서는 크게 주목받지 못했지만, 이들이 없었다면 반민특위는 제대로 운영될 수 없었을 것이다. 그들이야말로 반민특위의 숨은 일꾼들이었다. ◉

친일파들의 변명 논리

해방 후 지금까지 수십 년 세월이 흘렀지만, 친일파 청산을 반대하거나 친일파들이 변명하는 논리는 전혀 바뀌지 않았다. 1946년 남조선 과도입법의원과 1948년 제헌국회에서 친일파 청산법을 만들 때 주로 나왔던 논리가 70여 년이 지난 최근까지도 별다른 차이 없이 반복해서 나오고 있는 것이다. 친일파들의 이런 변명 논리를 몇 가지 유형으로 살펴본다.

친일파의 변명 논리를 모두 아홉 가지로 나눠 보았다.

첫째, 모든 국민이 친일을 했다고 주장하면서 친일파 청산의 방향을 흐리는 논리이다. 예를 들면 "일본식 이름으로 바꾸라는 창씨개명을 강요한 사람뿐만 아니라 창씨한 사람, 황국신민의 서사를 낭독한 사람도 모두 처벌할 것이냐?", "일제강점기에 살았다는 자체가 친일이다" 같은 것으로, 악질적이고 자발적인 친일 행위와 일반 국민들이 일상생활을 하기 위해 한 부득이한 행동을 같은 수준으로 동일시하는 것이다. 비행기를 헌납하고 일제강점기 도지사가 되거나 국회의원이 된 사람과, 단순 농민이나 학생처럼 일제강점기를 살아간 대다수 일반 국민들이 똑같다고 주장하는 것과 같다. 흔히 친일파란 "출세를 위해, 부와 권력을 위해 자발적으로, 그리고 적극적으로 친일 행위를 한 사람"을 뜻한다. 이런 전 국민의 친일화 논리는 이미 1946년 남조선 과도입법의원에서 친일파 청산법을 만들 때 나온 논리인데, 그 뒤 1948년 반민법을 만들거나 얼마 전 과거사 청산 때에도 다시 나왔다. 하지만 이런 논리는 일종의 '물타기'와 같다.

둘째, 친일은 부득이한 사정으로 한 행위라면서 '불가피론'을 주장하는 논리이다. 예를 들면 '이완용'이 일본에 나라를 팔아먹기는 했지만, 총리대신이란 지위에 있으면서 "당시의 국제 정세하에서 부득이하게 도장을 찍은 것"이라고 말하는 것이나, 또는 친일 행위를 일제 강압에 의해 부득이하게 했다는 논리들이 그것이다. 하지만 일제뿐 아니라 어느 정권도 본인이 원하지 않는데 작위를 주고 귀족으로 임명하거나 국회의원직, 도지사직을 주지 않는다. 그런 나라는 존재하지 않는다.

우리가 친일파라 함은 기본으로 '자발적'으로 친일 행위를 한 사람들을 뜻한다. 일정한 지위가 있거나 일본에게 큰 특혜나 특권을 받은 사람 상당수는 일본을 찬양하거나 국민들에게 일본의 전쟁에 참여할 것을 독려했던 사람들이다. 친일 불가피론과 같은 이런 주장도 최근에 나온 것이 아니라이미 1946년에 나온 궤변이었다.

셋째, 친일파 문제를 해방 이후의 문제까지 확대시키는 논리이다. "신탁통치를 찬성한 사람, 공산주의자도 민족 반역자인데 이들은 왜 포함시키지 않느냐", "해방 후 러시아 등 외국에 의존한 사람들도 포함시키자" 하면서 친일파 문제를 해방 이후 문제까지 확대시키는 것이다. 하지만 친일 문제는 일제강점기 때 문제이지, 해방 이후의 문제가 아니다.

반민족행위를 했느냐, 안 했느냐는 어떤 의미에서 보면 매우 단순한 문제다. 하지만 해방 이후는 좌익이냐 우익이냐 하는 이념 문제까지 겹쳐 민족 세력 여부를 판단하려면 많은 정치 논쟁이 발생했다. 친일파들은 바로 이 점을 노린 것이다. 논점을 '혼란'시켜 결국 누가 민족 세력인지 누가 반민족 세력인지 구분하기 어렵게 하려고 해방 이후의 문제를 추가시키는 것이다. 그런데 친일파인가 아닌가는 친일 행위를 했느냐 안 했느냐를 따지는 것뿐, 그 이상도 이하도 아니다. 반민법 제정 당시에 나온 이 논리는 지금도 과거사 청산 문제를 논의할 때 반드시 나오는데, 실제 현재 각종 과거사 위원회에는 여야 합의라는 미명하에 이 문제를 추가시키고 있다. 하지만 역사 관점에서는 이런 문제가 같이 논의될 하등의 이유가 없다.

넷째, 해방 직후에 주로 나온 논리로 정부가 수립되지 않은 상태이기에 정부를 먼저 수립하자는 주장이다. 일종의 '현안 문제'를 우선 해결한 후에 친일파 문제를 처리하자는 주장인데, 겉으로 보면 그럴듯해 보이지만 우선 시간을 끌다가 결국은 하지 않겠다는 뜻일 뿐이다. 실제로 1946년이나 1947년 정부 수립 후에 친일파를 청산하자고 했던 사람들은 정부가 수립되고 반민특위가 설치되자, 다시 통일 정부가 수립된 이후에 청산하자고 주장했다. 만약 이 논리라면 지금도 남북한이 통일되지 않았으니 친일파 청산은 논의해서는 안 된다고 할 것이다. 단순히 궤변일 뿐이다. 친일파 문제는 친일파 문제이고, 현안은 현안이다. 그저 어떻게든 시간을 끌어서 안 하겠다는 말장난일 뿐인 것이다.

다섯째, 1948년 정부 수립 전후 이승만 대통령과 특권 세력들이 주장한 "조사는 반민특위가 하고 처벌은 정부나 법조계에서 해야 한다"는 논리이다. 반민특위에서 기소와 재판을 하는 것은 삼권 분립에 위배된다는 것이다. 이것도 겉으로는 그럴듯해 보이지만, 당시 친일 검찰과 친일 판사들이 법조계를 장악한 상태에서 그들에게 친일파 처벌을 맡긴다는 것은 불가능했다. 상식적으로 독립운동가가 일제의 사법고시 시험을 보고 조선 총독부의 판검사가 되려 했겠는가. 당시 판검사는 거의 대부분 조선 총독부를 위해 일한 친일파라 해도 과언이 아니었다. 그리고 그들이 이후 대한민국 법조계를 장악하고 재생산해서 단 한 번도 처벌받지 않고 한국 사회 법조계를 망가뜨렸다. 그들은 국민들이나 국가, 민족은 태생적으로 관심이 없는 존재였다. 단지 자신들의 부와 권력을 위해 일본 총독부의 판검사가 되었고, 해방 이후에는 이승만 정부에 복무하는 존재였을 뿐이다.

이런 상황에서 반민특위는 부득이하게 기존의 검찰과 법원이 아닌 별도의 특별재판부를 설치하고 특별검찰과 특별재판관을 둔 것이다. 친일파들은 조선 총독부에서 일해 왔던 검찰이나 법관들에게 조사를 받고 재판을 받기 원했다. 이승만도 자신의 통제 아래 있는 검찰이나 법관들에게 기소와 재판을 맡기고 싶었을 것이다. 이것은 해방 직후 대한민국 검찰과 법조인들이 어떤 존재였는지를 증명해 주는 잣대이기도 하다.

해방 직후 검찰이나 법조계 인사들의 뿌리는 친일 검찰이고 친일 법조인이었다. 그들은 법이라는 절차의 공정과 형평성을 주장하지만, 대대수 국민들과는 무관한 말일 뿐이다. 이들이 말하는 '공정'은 일제강점기나 그 뒤에나 통치자들을 위한 공정이고, 자신들의 부와 권력을 위한 공정일 뿐이었음은 역사가 증명하고 있다. 해방 직후만 해도 그런 법조계 사정을 누구나 다 알고 있었기 때문에, 이승만 계열과 보수파들이 장악한 당시 제헌국회에서도 반민특위를 만들 때 별도로 특별검찰부와 특별재판부를 구성했던 것이다.

여섯째, 친일파 숙청은 "민족을 분열시키는 법이다", "국민을 분열시키는 법이다"라고 하면서 반민법과 친일파 처벌을 반대하는 논리이다. 이 논리도 1948년 반민법 제정 때만 아니라 최근까지도 일부 극우 세력이 주장해서 논란이 되기도 했다. 이 논리는 범죄자를 처벌하는 것이 국민들을 분열시키는 것이라 범죄자도 처벌하지 말라는 주장과 같다. 죄지은 사람을 처벌하는 것이 어떻게 국민을 분열시키는 것일까. 죄를 지으면 처벌을 받는 것은 당연하다. 죄를 짓고도 처벌받지 않기 때문에 대한민국에 특권층이 생긴 것이다. 그런데 친일파들이 결국 처벌받지 않은 것처럼, 대한민국 특권층들도 죄를 지어도 처벌받지 않는 문화가 만들어졌다. 현재라도 우리가 친일파를 처벌해야 한다고 하는 이유도 여기에 있다. 지위고하를 막론하고 죄를 지으면 법을 받는 상식적인 사회를 만들기 위해서다.

일곱째, "민족 처단을 주장하는 자는 공산당의 주구이다", "민족 분열의 법을 만드는 것은 공산당 프락치의 소행이다"라고 하면서 친일파 문제를

'이념' 문제로 바꾸는 논리이다. 이 또한 해방 직후부터 최근까지 계속된 논리로, 어떤 의미에서는 대한민국 사회에서만 성립된 더 황당한 이데올로기이다. 독일이나 프랑스에서 전범을 처벌하려는 사람을 공산주의자다, 또는 프락치라고 하는 경우를 들어 본 적이 없다. 전범 협력자의 처벌을 주장하는 사람을 반국가적 행위자라고 비난한 경우도 들어 본 적이 없다. 만약 그런 말을 한다면, 그런 주장을 하는 사람이 오히려 비정상적인 사람이라고 비판을 받을 것이다.

그런데 한국에서는 이 황당한 주장이 너무도 자연스럽게 제기되었다. 한국이 남북한으로 갈라진 특수한 상황을 악용한 결과이다. 동서독으로 갈라진 독일에서는 이런 주장이 나오지 않았는데, 우리는 오히려 이 상황을 악용해 주장 정도가 아니라 실제 정치 경찰이나 정치 검찰들이 조작 사건을 만들어 친일파 청산을 주장하는 사람을 체포하거나 처벌하기도 했던 것이다. 하지만 친일파 여부와 공산주의자 여부는 처음부터 다른 문제이다. 해방 직후나 지금이나 친일파는 1910년부터 1945년 사이 일제강점기에 '반민족행위'를 한 자들을 다루는 문제였다.

여덟째, 조사의 비밀주의를 주장하는 논리이다. "친일파들을 신속히 비밀리에 조사하여 일시에 진행하자"는 것으로 겉으로 보면 인권을 보호하는 것 같다. 하지만 친일 행위의 재발 방지를 위해, 그리고 사회 교육이나 국민 공감대를 형성하기 위해서는 '공개주의'가 절대로 필요했다. 독일이나 프랑스는 때로는 모든 과정을 생중계하기도 했다. 과거사 청산의 중요한 절차 중 하나이다. 반성을 하게 하고, 국민들이 알게 해서 다시는 이런 일이 재발되지 않도록 하려는 목적도 있다. 1949년 김상덕 위원장은 친일파 인권을 이야기할 때, 친일파들은 독립운동가를 욕보이고 심지어 모진 고문까지 하면서 인권이라는 말을 사치로 느끼게 했는데 설령 그런 친일파들을 조금 욕보인들 그게 무슨 잘못이냐고 말하기도 했다.

그 밖에도 국민들에게 알리는 것은 또 다른 이유도 있다. 반민특위 당시나 지금도 친일파들은 친일파 청산을 하려는 사람들을 공격하고 고립시켜

왔다. 그렇기 때문에 그들의 죄를 널리 알려 교육도 시키고 국민 공감대를 이루기 위해서라도 공개주의는 필요한 조치이다. 현재도 과거사 청산을 주장하면 반대하는 사람들은 친일파의 인권을 내세우면서 비밀주의를 주장한다. 그 결과 위원회는 활동을 하지만, 실제 무슨 조사가 진행되었는지를 국민들이 전혀 알지 못하고 지나가는 경우가 너무도 많다. 그러므로 조사의 비밀주의가 가진 '함정'을 제대로 이해할 필요가 있다.

마지막으로 아홉째, 친일파라도 그들의 행정 경험과 기술 능력을 활용할 필요가 있다는 논리이다. '치안 기술'을 가진 노덕술 같은 친일 경찰이나, '법 기술' '행정 기술'을 가진 일제강점기 판검사, 행정 관료, 기업인들을 처벌하지 말고 활용하자는 논리였다. 이승만이 주장한 논리로, 이후 국회의원이나 교수 같은 이른바 지식인들이 주로 주장했다.

물론 국가를 운영하기 위해 과학 기술자 같은 일부 경력자를 활용하는 것은 필요하다. 그러나 모든 분야가 그럴 필요는 없다. 중요한 것은 설령 활용을 위해 면죄시켜 주더라도 친일한 사실은 인정하고 반성하게 해야 한다는 것이다. 이승만은 '치안 기술자'가 국가 발전에 필요한 분야라고 했지만, 그 대표 인물인 노덕술을 보자면 노덕술의 치안 기술이란 결국 '고문 기술', '공안 사건 조작 기술'이었다. 대한민국을 운영하는 데 고문 기술자, 공안 사건 조작 기술이 정말 필요했을까.

대한민국이 친일파들의 '경험'을 활용한 결과는 어떠했을까. 이들은 1949년 국회 프락치 사건을 필두로 1970, 1980년대 다양한 조작 사건을 만들어 많은 민주 인사들을 억압하고 때로는 죽음으로 이끌었다. 우리 사회에는 여전히 그 후유증이 남아 있다. 이들은 신국가의 기틀을 만드는 데 활용해야 한다는 이유로 살아남아, 단 한 번도 심판받지 않은 채 대한민국의 체계와 기틀을 그들 방식으로 만들었다. 자신들이 만든 법체계 속에서 그들은 정권에 반대하거나 거부하면 누구든 구속할 수 있었고, 반대로 친일파든 암살자든 자신들이 원하면 처벌할 수 없게 만들었다. 어설픈 능력을 일시적으로 활용하는 것이 당장은 도움이 될지 몰라도 긴 역사를 보면 오히려 대한민국을 병들게 한 것이다.

　이렇게 친일파와 비호 세력들은 해방 이후부터 현재까지도 다양한 논리로 그들의 처벌을 반대해 왔고, 정치, 경제, 사회, 문화 같은 한국 사회의 모든 영역을 장악하며 그들만의 세상을 만들었다. 이들은 거대한 카르텔을 형성해서 대한민국 사회를 통제하고 상식적인 사회를 거부했다. 얼마 전까지도 한 정당의 원내 대표나 유명 대학의 교수, 고위 관료 들이 친일 논리를 가감 없이 주장하고도 아무 일 없다는 듯이 부와 권력을 움켜쥐고 있는 것을 보면, 대한민국 사회는 여전히 가야 할 길이 멀기만 하다.

조사, 체포, 그리고 친일 재판

반민특위 활동에 국민들은 뜨거운 지지와 찬사로 화답했다. 언론은 "민족정기가 살았느냐 죽었느냐 의심을 했지만, 민족정기는 죽지 않았다는 것을 보여 주고 있다. 보라, 반민특위의 활동을!"이라며 연일 활약상을 보도했다. 전국 방방곡곡 같은 분위기였다.

친일파 조사, 어떻게 했나

반민특위는 1949년 1월 5일 취임식을 거행하면서 업무를 시작했다. 처음에는 국회 공간을 임시로 쓰다가 1월 중순경 제일은행 건물을 정식 사무실로 사용했다.

반민특위 업무는 친일파 조사에서부터 시작되었는데, 주로 문헌 조사였다. 일제강점기 신문이나 잡지에 기고한 글과 행적, 일본 총독부 관리가 등록된 관보나 직원 명부, 총독부에서 발행한 신문과 잡지, 그리고 독립운동 단체에서 만든 《친일파 군상》, 《참고건제일》 같은 친일파 명부들을 참고해서 친일파들의 일람표(명단)를 작성했다. 또한 서울이나 지방의 주요 지역에 '투서함'을 설치하여 국민들의 투서나 고발장도 받아 조사했다. 친일파 조사가 본격화되면서 친일파 스스로 '자수'를 하는 경우도 있었지만 그리 많지는 않았고, 친일파 대다수는 투서나 고발장으로 접수된 것이었다.

반민특위는 언론에 투서나 고발장을 접수하는 방법을 다음과 같이 공고했다.

① 친일파에게 가해를 당한 사람이나 그 사실을 아는 사람은 성명, 주소, 가해 장소, 가해 사실 등을 서술하고, 증거 자료가 있으면 꼭 첨부할 것.
② 투서자는 주소 성명을 반드시 쓸 것.
③ 투서는 반민특위에서 설치한 투서함을 이용할 것.
④ 우편으로 할 경우 개인 정보는 비밀로 해서 보낼 것.
⑤ 구두로 할 경우 조사관에게 직접 할 것.

《강원일보》, 1949년 3월 9일

당시 투서는 기대한 것 이상으로 많았다. 반민특위가 업무를 개시한 지 단 하루 만에 접수된 투서가 120여 건, 대상자는 300여 명에 달했다. 그만큼 국민들은 이번 기회에 친일파를 반드시 청산해야 한다고 보고 적극 호응한 것이다. 친일파 체포는 주로 조사관이 주관하고, 체포 시 특경대의 보호를 받아 집행했다. 그리고 체포된 친일파들은 조사관의 인도하에 각 도에 있는 형무소에 수감했다.

반민특위는 1949년 1월 초부터 업무를 시작했지만, 사실 친일파 조사가 시작될 것이라는 소문은 1948년 말부터 이미 나왔다. 그러자 거물급 친일파들은 숨거나 다양한 방식으로 해외로 도피하려 했다. 이에 반민특위는 외교부에 친일파들의 '국외 여행증', 곧 여권

발부를 금지하고 밀항을 단속해 줄 것을 요청했다. 해외 도주를 사전에 차단하기 위해서였다.

이들 가운데 화신 백화점 사장이자 일제에 비행기를 헌납한 박흥식은 해외로 도주하려고 해서 1949년 1월 8일 가장 먼저 체포했다. 그런데 체포 당시 박흥식은 미국 여권을 소장하고 있었다. 외무부 장관은 친일파들에게 여권을 발급하지 않겠다고 약속했지만, 약속과 달리 박흥식은 이미 외무부가 발급한 '유효한' 여권을 갖고 있었던 것이다. 이승만 정부와 친일파들이 정보를 교류하면서 박흥식처럼 거물 친일파들의 도피를 지원하고 있었다.

친일파들의 해외 도주는 다양한 통로로 진행되었다. 조선의 자동차 왕이라 불리던 방의석은 강원도 삼척을 거쳐 배를 이용해 해외로 도망려다가 체포되었고, 친일 경찰의 원조 김태석은 체포 당시 밀항을 할 수 있는 서한을 소장하고 있었다. 밀정 출신 이종형은 반민특위 활동에 "방해가 될 우려가 있는 자"로 인식되어 체포되었다. 그런데 체포 당시 내무부 장관 윤치영이 특별 보호하고 있어 논란이 되었다.

이종형은 1948년 11월부터 자신이 운영하던 《대한매일》을 통해 친일파 숙청법은 '망민법'이라고 비판해 왔다. 친일파 청산을 주장하는 자들은 "민족을 분열시키는 공산당의 프락치", "김일성의 앞잡이"라고 지속적으로 보도한 것이다. 그리고 반민법 반대를 위한 시민대회도 주관했다. 이종형은 시민대회에서도 "동족 간의 화기를 손상케 하는 반민법을 제거하고 공산 매국노를 소탕하자"는 주장을 했다. 심지어 반민특위에 체포될 당시에는 "나는 애국자다, 나를 친일파로 몰아넣는 자들은 빨갱이, 회색분자들로 모두 토벌할 것이다"라고 주장할 정도로 왜곡된 이념을 가졌다.

이승만 정부와 친일파의 결탁은 일제강점기 '고문왕'으로 알려진 노덕술의 체포 과정에서도 확인할 수 있다. 당시 노덕술은 사건을 수사하다가 관련자를 고문, 절명시킨 후 그 시신을 한강에 버린 혐의로 수배 중이었다. 그런데 반민특위에 체포되었을 때 경관 4명이 노덕술을 호위하고 있었고, 무기도 소지하고 있었다. 심지어 경찰차까지 몰고 다녔다. 반민특위는 지명 수배자가 경찰의 호위를 받고, 장차관 집을 출입하고 있다는 것은 정부 고위층과 친일 경찰이 연결되어 있는 증거라며 의혹을 제기했다. 그런데 내무부 장관은 "있을 수 없는 일"이라며 사건을 은폐하려 했다.

심지어 이승만은 김상덕 반민특위 위원장을 초청해서 자동차 등 반민특위에 소요되는 물품을 제공하겠다면서 노덕술의 석방을 요청했다. 당시 정부는 반민특위에 활동을 위한 기본 차량도 제공하지 않았는데, 노덕술 석방 조건으로 차량 지원을 제시한 것이다. 이 제안이 받아들여지지 않자 이승만은 1949년 2월 국무회의에서 노덕술 체포가 불법 행동이라면서 노덕술을 체포한 반민특위 관계자를 오히려 처벌할 것을 지시하기도 했다.

(이승만 대통령은) 반민특위의 무분별한 난동은 치안에 중대한 영향을 주는 것으로 단호한 대책을 강구하고, 법무부 장관은 노덕술

을 체포한 반민특위 조사관과 그 상급자를 체포하여 처벌할 것을
지시했다. 《국무회의록》, 1949년 2월 11일

그 뒤에도 이승만은 수차례 국무회의를 개최해 노덕술 석방 문
제를 논의했다. 겨우 서울시 경찰과장인 노덕술을 체포했다고 서울
시장, 경찰국장, 내무부 장관, 대통령까지 나와 반민특위를 비판하
고 석방 대책을 논의한 것이다. 친일파 체포를 정부 조직이 총동원
해서 방해했다. 결국 친일파 조사와 체포는 단순히 반민특위와 친
일파와의 관계에서 추진된 것이 아니었다. 처음부터 이승만 정부와
의 갈등 속에서 추진되었던 것이다.

이런 와중에 반민특위는 1949년 1월 31일부터 체포된 친일파 명
단을 언론에 공개하기 시작했다. 1차로 박흥식을 비롯해 이종형, 최
린, 방의석, 김태석, 김연수, 노덕술 같은 핵심 친일파 명단이 공개
되었다. 국민들에게 친일파 처벌의 정당성을 확보하고, 국민들의
지원을 받아 남한 정국을 이끌기 위한 조치였다.

정부에 숨은 친일파를 찾아내라

독일과 프랑스는 전범 처리나 나치 협력자 처벌에 정부가 직접
앞장섰지만, 우리는 반대로 정부가 친일파 체포를 방해하고 친일파
를 처벌하려는 반민특위를 공격했다. 친일파 처벌의 최대 반대 세

력이 바로 대통령 이승만이었고, 대한민국 정부요 국가 권력이었다. 이승만을 지탱한 핵심 세력이 친일파였기 때문이다. 이런 상황에서 반민특위는 정부 내 친일파 숙청을 먼저 단행하려 했다. 반민특위의 성공 여부는 거기에 달려 있다고 해도 과언이 아니었다.

정부 친일파 청산 문제는 반민법이 논의되던 1948년 8월부터 제기되었다. 소장파 의원들은 민희식 교통부 장관, 임문환 상공부 차관, 유진오 법제처장의 친일 행위를 보고하면서 이들의 사퇴를 정부에 건의했다. 임문환은 일제강점기 경기도 용인군수와 총독부 주요 관료로 일했고, 일본의 징용 징병 정책에 충성한 인물이었다. 용인군 주민들도 임문환의 친일 행위가 심각하다며 처벌을 원하는 진정서까지 제출했다. 유진오 법제처장도 대동아 문학자 대회에 참석해서 일본어를 세계어로 하고 전 세계의 문화 향상을 촉진시키자고 주장했으며, 수십 종 잡지에 일본의 황민화 정책을 고취하는 글을 기고했다. 민희식 역시 조선 문화를 옹호하려는 동포를 일본 관리에 밀고해서 체포하게 했다면서 정부에 사퇴를 요구했다.

이렇게 주요 장차관들이 친일 경력자로 확인되자 소장파 의원들은 정부 친일파 숙청을 긴급 동의안으로 제안하고 정부에 일괄 사퇴시킬 것을 건의했다. 그리고 반민법 제5조에 친일파 가운데 현재 공직에 있는 자를 처벌한다는 내용을 별도 조항까지 만들어 포함시켰다. 이러한 조치는 일차적으로 해방된 새 정부에 친일파들이 포함되어서는 안 된다는 민족적 정서가 작용했지만, 또한 정부 친일파를 먼저 제거해서 향후 이들이 반민특위 활동을 방해하지 못하도록 하려는 조치이기도 했다.

그러나 우려는 현실이 되었다. 1949년 1월 반민특위 활동이 시작되자, 이승만은 1월 7일 정부 주요 관료들을 모아 정부 내 친일파 처리 대책을 논의했다. 이때 이승만의 최측근이었던 이인 법무부 장관은 "국무위원, 국회의원 및 각 부처 차관급을 범죄 혐의로 긴급 구속하거나 구속 영장을 발부할 때에는 현행범이 아닌 이상 반드시 검찰 총장을 거쳐 법무부 장관의 지시를 받도록" 지시하였다.

이승만 정부는 처음부터 반민특위 체포권을 인정하지 않았고, 친일파를 처벌할 의지도 전혀 없었다. 이런 입장은 기자 회견에서도 잘 드러났다. "국회는 입법하는 곳이고, 집행할 권리는 없다"면서 '삼권 분립' 문제를 제기한 것이다. 겉으로는 그럴듯하지만, 이 논리는 친일파의 체포와 기소를 무조건 이승만 '검찰'이 하겠다는 것으로, 검찰의 체포나 기소 없이는 친일파를 절대로 처벌할 수 없게 하는 제도적 장치를 만들겠다는 의미였다. 결국 삼권 분립 논리는 이후 반민법을 폐지시키려는 핵심 논리가 되었다.

이런 상황에서 반민특위는 이승만에게 친일파 정부 관료들을 1949년 1월 말까지 자진 추방시킬 것을 요구했다. 단순히 '요청'해서 될 문제가 아니었지만, 이런 단순한 '요청'마저도 국무총리는 "직위보다 죄질에 치중해야 한다"면서 숙청을 반대했다.

사실 친일파 처벌을 직위로 할 것인가, 죄질로 할 것인가는 중요한 논란의 하나였다. 겉으로 보면 맞는 말일 수도 있었다. 일제강점기 어떤 직위에 있었느냐보다 실제로 어떤 친일 행위를 했느냐가 더 중요할 수 있기 때문이다. 그런데 직위보다 행위를 우선시할 경우, 악질 친일 행위를 했느냐 안 했느냐가 논란의 핵심이 돼야 하는데, 문제는 악질 행위를 구분하고 증명하기가 쉽지 않다는 것이었다. 특히 친일파들은 돈과 권력으로 전문 변호사들을 대거 거느리고 자신들의 무죄를 증명하고 있는 상황이어서, 친일파의 죄질이 악질인지 아닌지를 증거를 제시하고 따진다는 것은 논쟁만 하다가 결국 처벌을 하지 못하게 될 위험이 있었다. 이승만 정부는 바로 그 점을 노린 것이다.

그렇기 때문에 반민특위에서는 일제강점기 때 일정한 고위직을 지낸 사람들을 '당연범'이라고 해서 무조건 처벌하기로 하였다. 예를 들어 도지사나 중추원 참의 같은 고위직에 임명된 자는 기본적으로 당연히 친일파로 보겠다는 것이다. 이런 고위직을 일본이 아무에게나 주지는 않았기 때문이다. 직위가 낮은 친일파는 악질 행위를 했는지 여부를 따진 뒤에 처벌하는 '선택범'이었지만, 일정한 직위 이상자는 '반드시' 처벌하는 당연범에 포함되어 있었다. 그런데 이승만 정부는 직위 여부와 상관없이 모든 친일파들의 죄를 증명하고 확인하는 절차를 밟자고 주장한 것이다.

당시 반민법은 특별법이었기 때문에 일반법인 형사 소송법에 따를 이유가 없었다. 형사 소송법은 일본인들에 의해 훈련받은 법 기술자들이 너무도 잘하고 잘 아는 방식이었기에 이런 절차로 친일파를 처벌하는 것은 현실적으로 불가능했다. 실제로 총무처 장관이 친일 경력자들을 형식적으로 조사는 하겠지만 실제로는 공보부를 통해 어떤 해임도 하지 않을 것이라고 전달한 사실만 봐도 이승만 정부의 의도는 명백했다.

이승만 정부는 독일이나 프랑스 같은 다른 나라와 달리 친일파 조사에 전혀 협조하지 않았다. 협조는 고사하고 방해까지 하는 상황에서 정부 친일파 숙청은 결국 몇몇 인사들 문제로 국한되었다. 고위층으로는 임영신 상공부 장관이 유일했고, 대부분 국장급이나 과장급 관리들을 체포하는 수준으로 마무리되었다.

임영신 장관은 이종형의 처와 각별한 관계에 있던 인물로 여자국민당 위원장이기도 했다. 여자국민당은 1949년 1월 31일 반민법 폐지에 대한 글을 국회, 대통령, 언론 들에 배포해서 수차례 논란이 되었으며, 임명신 자신도 친일파로 구속되었던 노기주에게 뇌물을 받아 논란이 되었다. 임영신은 국회의 지속적인 요구에 결국 1949년 4월 사퇴서를 제출했지만, 관변 여성 단체들은 애국자인 임영신 장관을 파면하는 것은 "여성 전체의 앞길을 막는 것"이라며 반박하기도 했다. 과거나 현재나 관변 단체, 어용 단체들은 자신들의 정치적 이익을 위해 국민이나 특정 집단을 이용하는데, 그런 일이 이미 이때부터 시작되고 있었던 것이다.

그 뒤에도 반민특위는 정부의 조사 협조를 수차례 요청했지만, 정부는 공소 시효가 다가오던 7월 19일까지도 "조사 중"이라면서 시간만 끌다가 반민특위 와해 뒤에는 이마저도 종료했다. 결국 1949년 8월 말 반민특위가 와해될 때까지 이승만 정부는 형식적인 현황 조사조차도 끝내 하지 않았다.

보라, 반민특위의 활동을!

반민특위가 실질적으로 조사한 기간은 1949년 1월 8일부터 8월 31일까지이다. 원래 조사 기간은 2년이었지만, 반민특위 습격 사건 이후 공소 시효가 1949년 8월 31일로 단축되어 실제 활동 기간은 단 8개월뿐이었다.

반민특위가 첫 번째로 체포한 친일파는 화신백화점 사장 박흥식이었다. 박흥식은 1919년 평안남도 미곡상으로 출발해서 1930년대에는 유통과 부동산, 금융업을 담당하는 화신상회와 대동흥업주식회사, 조선비행기공업주식회사를 설립했고 국방헌금도 헌납했다. 그리고 국민총력조선연맹 이사, 흥아보국단 상임위원, 조선임전보국단 발기인 같은 대표적인 친일 단체 간부로 활동하면서 학병 지원과 전쟁 지원을 종용하기도 하고, 비행기도 헌납한 대표적인 친일파 가운데 한명이었다. 1948년 말 반민특위가 친일파를 본격적으로 조사할 것이라는 소문이 나자, 친일 경찰들과 함께 테러 전문가를 초청해 반민특위 요원들을 암살하려는 계획을 세우고 필요한 자금을 제공한 인물도 박흥식이었다.

이 박흥식을 반민특위는 1949년 1월 8일 오후 4시, 반민특위 제1호로 가장 먼저 체포했다. 박흥식이 1호로 체포된 것은 그가 대표적인 친일파이기도 했지만, 반민특위가 조직되자 해외로 도주하려고 했기 때문이기도 했다. 반민특위 부위원장 김상돈은 박흥식을 체포한 직후 인터뷰를 통해 "박흥식이 해외로 도피 준비를 하고 있었고, 반민특위 요인암살음모 사건에 자금을 대주는 등 반민특위 활동을 방해하고 있었기 때문"이라고 지적했다. 박흥식이 체포되자 이승만은 1월 10일 "과거에 구애가 되어 앞날에 장애가 있어서는 안 된다"며 박흥식 체포에 비판적 입장을 드러냈는데, 이 담화는 당시 신문에 박흥식 체포 소식과 같은 날, 같은 지면에 실려 이승만의 의도가 무엇인지 충분히 이해할 수 있게 한다.

박흥식에 이어 반민특위 제2호로 이종형이 체포되었다. 반민특위 기소문에 의하면 이종형은 3·1운동 이후 만주에서 의열단에 위장 잠입해 밀정 노릇을 했다고 한다. 특히 독립운동가 250여 명을 체포해서 17명을 학살하고 투옥시킨 장본인이었다. 이종형은 1941년 국내에 들어와서는 조선 총독부 경무부에 소속되어 독립운동가 밀고에도 앞장선 대표적 밀정이었다. 영화 〈암살〉에서 이정재가 맡았던 염석진과 같은 자였다. 박흥식은 해방 뒤에 반민법이 제정되자, 관변 언론지인 《대한일보》를 만들어 반민법에 반대하는 글을 지속적으로 개제해서 원성을 사기도 했다.

그 밖에도 반민특위가 체포한 사람들은 다양했다. 1949년 1월 13일에는 〈독립 선언서〉에 서명한 민족 대표 33인 중 한 명이자, 독립운동을 했던 핵심 인물에서 친일파로 변절한 뒤 중추원 참의까지 역임한 최린, 일제강점기 함흥 지역 운송업체를 장악해 조선의 자동차 왕이라고 불리던 방의석, 고등계 형사로 출발해서 중추원 참의까지 오른 악질 경찰의 대부 김태석이 포함되었다. 이중 김태석은 독립운동가 강의규 의사를 체포해 사형시킨 인물로도 잘 알려져 있는데, 그가 반민특위에서 가장 먼저 사형 구형을 받았다.

1949년 1월 14일에는 한말 귀족 출신으로 일본 남작의 작위를 받고 일본에 군방헌금까지 헌납한 이풍한, 변호사 출신으로 중추원 참의와 국민총력조선연맹 이사를 역임한 이승우를 체포했고, 1월 18일에는 《매일신보》 사장을 역임한 이성근, 1월 21일에는 일제강점기 도지사와 일본 귀족원 의원, 중추원 부의장까지 오른 박중양, 경성방직과 삼양사를 만들고 일본의 만주국 총영사를 역임한 김연수 등을 체포했다. 김연수는 나중에 박정희 전 대통령이 일으킨 5·16 쿠데타 이후 경제인연합회 전신이었던 한국경제협의회 초대 회장이 되기도 했다.

이외에도 춘원 이광수를 체포했는데, 이광수도 초기에는 독립운동을 했다가 적극적인 친일파로 돌아선 인물 중 하나였다. 특히 그는 1919년 2·8 독립 선언서를 작성하고 1919년 대한민국 임시정부의 기관지 《독립신문》 편집장을 맡기도 했지만, 1921년 귀국한 뒤 '조선 민족 개조론'을 발표하면서 친일의 길로 들어섰다. 이후 일제강점기 《조선일보》 부사장, 《경성일보》 초대 사장, 조선문인협회 회장을 두루 역임하면서, 일본의 황민화 정책을 찬양하고 징병 제도가 조선을 위한 "획기적인 대 선물"이라고까지 주장했다. 독립운동가가 변절해서 친일파가 될 경우 어느 정도까지 변절할 수 있는지를 여실히 보여 주는 예이다.

사실 이런 변절도 친일 경찰이나 친일 검찰들이 중간에 끼어 돌아서게 했는데, 이렇게 변절한 경우 본래 친일 경찰이나 검찰들보다 더 지능적이고 악질인 모습으로 변하는 것을 종종 목격하고는 한다. 이런 기술을 습득한 검찰과 경찰이 나중에 1970년, 80년대 학생운동이나 노동운동을 하는 사람들을 갖은 협박과 회유로 어떻게든 변절시키려 했던 이유도 여기에 있었다. 이들을 변절시키는 데는 많은 시간과 노력이 필요하지만, 막상 변절시키면 더 많은 정보를 확보할 수 있었기 때문이다.

반민특위의 초기 활동을 보면, 최고 권력층이었던 조선 귀족부터 고위 관료, 경제인, 지식인처럼 일제강점기 핵심 인사들을 체포하는 데 무서울 것이 없었다. 거리낌도 전혀 없었다. 반민특위 뒤에는 국민들이 있었기 때문이다.

반민특위 활동에 국민들은 뜨거운 지지와 찬사로 화답했다. 당시 언론들은 "민족정기가 살았느냐 죽었느냐 의심을 했지만, 민족정기는 죽지 않았다는 것을 보여 주고 있다. 보라, 반민특위의 활동을!"이라며 연일 반민특위의 활약상을 보도했다. 이러한 분위기는 서울만이 아니라 전국 지방 방방곡곡에서도 같은 분위기였다. 지방신문들도 연일 지역 내 핵심 친일파들의 체포 소식을 알리고 있었다. 그때까지만 해도 친일파 처벌은 어느 누구도 반대할 수 없는 시대적 흐름으로 보였다.

반민특위 초기에는 친일파뿐 아니라 반민특위 활동을 방해한 사람들도 체포했다. 반민특위 강원도 위원장을 암살하려던 사람부터, 반민특위 반대 시민대회를 했던 관계자, 노덕술을 은닉하는 데 관계했던 자들도 체포했다. 이들 가운데 친일 경찰의 대부였던 김태석의 변호사 오숭은이 김태석을 지나치게 변호한다고 하여 1949년

5월 20일 반민법 위반으로 반민특위에 체포된 것도 유명한 일화 중 하나였다. 그만큼 반민특위는 친일파뿐 아니라 친일파를 옹호하는 행동에 대해서도 강도 높게 대응한 것이다.

이렇게 초기까지만 해도 반민특위는 "기세 좋게" 활동하고 있었다. 이승만 정부도 묵시적으로 지켜만 보았고, 국민들은 "특권층의 숙청"을 열망하고 있었다. 하지만 안타깝게도 정부와 경찰이 무자비하게 반민특위 사무실을 습격하고 파괴하는 '반민특위 습격 사건'이 발생한 6월 이후 친일파 조사와 체포는 급격히 줄어들었다. 주한 미국 대사는 1949년 7월 이후 "반민특위 쇠퇴 경향은 분명 시작되었다"고 보았다.

마침내 시작된 친일 재판

반민특위 특별조사위원회는 친일 경력자들을 조사한 후 특별검찰부로 송치했다. 특별검찰부는 송치된 친일파의 구속 영장, 증인 신문 조서, 체포 시말서, 친일파 소행 조서 등의 관련 서류와 증거품, 압수품, 그리고 특별조사관의 의견서와 송치서를 기초로 다시 피의자 신문과 증인 신문 같은 조사 과정을 거쳐 기소 여부를 결정했다. 특별검찰관들도 초기에는 의욕이 강해 특별조사위원회의 자료뿐만 아니라 자체적으로 친일파들을 기소하기 위한 자료를 보강해서 조사하기도 했다.

예를 들면, 서성달 특별검찰관은 노덕술의 증거 자료를 더 수집하기 위해 1949년 3월 직접 부산으로 내려가서 자료를 조사했다. 노덕술의 첫 번째 죄목은 일제강점기 동래 지역 비밀 결사 조직을 소탕하면서 회장으로 있던 김규진 선생을 사망하게 한 혐의였는데, 그 사건 관계자들의 인터뷰를 받은 것이다. 일반적으로 자료 조사는 조사위원회에서 하고 특별검찰부는 조사 자료를 기초로 기소 여부만 결정했지만, 초기에는 검찰부가 기소에 필요한 자료나 증인들의 인터뷰도 추가해서 조사했다.

권승렬 특별검찰부장도 1949년 1월 11일 "조사부에서 혹시 빠진 것은 우리가 직접 조사할 수 있다"면서 친일파 청산에 강한 의지를 표방했다. 그리고 노일환 특별검찰관도 반민법의 "개전(뉘우침)이라는 것은 해방 이전에 개전한 것만 적용하고, 해방 이후의 개전까지 포함시키지 않는다"고 하면서 법의 엄격한 집행을 강조했다. 해방 뒤에 친일 행위를 반성했다고 주장하는 것은 순수한 의도라기보다는 정치적 의도가 있다고 보고 인정하지 않겠다는 뜻이다.

실제 친일파들은 일제강점기 친일 행위를 만회하려고 해방 이후 극우 단체나 이승만 대통령에게 '애국금'이라는 미명하에 정치 자금을 제공하거나, 건국 사업이라는 미명하에 교육 사업을 하는 등 다양한 형태의 행위를 하고는 이를 애국 행위, 건국 행위로 둔갑시켰다. 이런 행동은 사실 일제강점기 때 국방헌금 따위를 총독부에 주고 일본에 충성을 맹세하는 방식과 다르지 않았다. 그런데 특별검찰부는 해방 이후의 이런 행동에 대해 엄격하게 적용하겠다는 의지를 표명한 것이다.

그러나 이런 특별검찰부의 태도는 조금씩 무뎌졌다. 1949년 4월 10일 방의석의 병보석에 이어 4월 12일에는 김우영의 보석, 14일에는 박흥식의 병보석까지 핵심적인 친일파들의 병보석 사태가 연이어 발생했다. 이에 안재홍의 측근인 이의식 특별검찰관은 박흥식이 병보석을 신청할 때 이미 매우 건강했다면서 '보석 불가' 입장을 표명하고, 소장파의 핵심 인물이었던 노일환 특별검찰관도 4월 29일 '보석 취소 요청서'를 특별재판부에 제출했다.

그런데 해방 직후 소위 '법 기술자'들이 만든 법체계 속에서 병보석 문제는 단순한 문제가 아니었다. 병보석은 형사 소송법에 의해 규정된 법을 운영하는 제도 중 하나였다. 친일파들이 병보석에 맞는 구비 서류를 가지고 온다면, 법원에서는 병보석을 거절할 명분이 많지 않았다. 친일파들의 병보석 사태는 병보석을 시킨 재판부의 문제일 수도 있지만, 반민법에 병보석을 통제할 법적 장치를 미리 마련하지 않은 것도 문제였던 것이다.

어떤 의미에서 보면 친일파들을 형사 소송법에 입각한 법체계로 처벌하겠다는 것 자체가 처음부터 불가능한 일일 수 있었다. 법적 다툼은 결국 법리 싸움으로 나아가는데, 친일파들은 그냥 순순히 처벌을 기다리는 존재가 아니었기 때문이다. 그들은 막대한 돈과 권력을 이용해서 최고의 법률 전문가들을 대거 변호인단으로 선임해 자신들을 변호했다. 그런 반면, 몇 명 되지도 않는 반민특위 요원들은 거대한 돈과 권력을 동원한 친일파들과 변호인단과 싸워 이겨

야만 비로소 처벌할 수 있었다.

지금도 우리 역사를 보면, 법은 공정해야 하지만 실제로는 부와 권력을 가진 자들에게 좀 더 유리하게 작동한다. 법 기술자들은 자신들의 잘못을 법으로 위장하고 반대 세력을 통제하려고 공권력과 법을 악용했다. 이런 상황에서 반민특위 특별재판부는 병보석을 허가할 수밖에 없었고, 그 숫자는 공소 시효가 다가오던 8월 29일에는 57명으로 증가했다.

이런 열악한 상황에서도 특별검찰부는 1949년 8월 말까지 총 221건을 기소했다. 특별조사위원회에서 송치한 559건 가운데 약 40퍼센트를 기소한 것이다. 이들 중 독립운동가를 살해하거나 일제강점기 악질 경찰로 경시까지 올라간 김덕기, 심의중, 김태석에게 사형을 언도하고, 김대형에게는 무기 징역, 자작 직위를 받아 일본 귀족원 의원이 된 이기용에게 징역 5년과 재산 1/2 몰수 형, 일제강점기 강원도 지사를 역임한 유흥순에게 10년 형을, 군수 공장을 경영하고 비행기까지 헌납한 고한승 변호사에게 징역 2년을 구형했다. 당연범에게는 보통 7년 형을 구형하고, "애국자 살상자"에게는 사형, 혹은 무기 징역을 구형한 것이다.

그리고 특별검찰부에 이어 마침내 특별재판부가 1949년 1월 25일 업무 지원을 위한 서기관을 선정하면서 본격적인 업무를 시작했다. 특별재판부는 3개 재판부로 나누어 요일별로 재판을 운영했다. 제1재판부는 월·목, 제2 재판부는 화·금, 제3 재판부는 수·토요일에 각각 법정을 개정하고, '공판장과 방청권 문제', '판결문 공개 문제' 등도 공개했다. 재판 원칙과 관련해서는 국민 방청권은 충분히 배부하고, 재판은 시간 관계상 한 번만 하는 단심제로 하되 민족정기에 입각해서 냉정히 할 것, 그리고 판결문은 "조금도 숨김없이 삼천만 국민에게 상세히 공개하고, 신문 지상에 충실히 보도할 수 있도록 자료를 제공한다"고 발표했다. 재판 공개주의를 채택한 것이다.

현재 과거 사실을 규명하는 각종 과거사 위원회는 반민특위와 달리 잘못된 과거사 논의를 '비공개'하는 것이 원칙이다. 그러다 보니 비공개로 인해 규명하려는 과거사 사건들을 국민들이 전혀 알지 못하거나 당사자 간의 문제로만 치부하고 있는 실정이다. 따라서 당시 반민특위 재판부의 '공개주의' 원칙은 매우 중요한 조치였다.

반민특위 첫 재판은 1949년 3월 28일 시작되었다.

재판은 특성상 특별조사위원회의 조사가 끝나고 특별검찰부의 기소가 결정되어야만 진행될 수 있었기 때문에, 첫 재판은 반민특위가 활동을 하고 나서 상당한 시간이 흐른 뒤에 시작될 수밖에 없었다. 3월 28일 오전 재판은 박흥식이 예정되었으나, 사정상 이기용이 먼저 재판을 하고 오후에 박흥식이 재판을 하게 되었다. 그리고 3월 29일 이종형, 3월 30일 최린, 4월 4일 이승우, 4월 6일 김연수의 재판이 계속 진행되었다.

반민 재판 첫날은 재판이 시작되기도 전부터 이미 법정 안과 밖은 통로까지 방청객들이 모여들어 초만원을 이루었다. 처음으로 친일파들을 재판하는 역사적인 순간을 지켜보기 위해 방청객이 인산인해를 이룬 것이다. 재판이 열리는 서울 지방법원은 특경대와 조

사관뿐 아니라 기마대, 일반 경찰까지 총출동해 있었다. 정식 공판
은 정해진 시간보다 한 시간 늦은 11시에 시작되었는데, 방청객들
은 이미 새벽 6시부터 법정 주위에 모여들었고, 법정을 에워싼 경비
대의 감시하에 10시부터 법정으로 들어갔다.

재판정의 모습은 근엄했다. 정면에는 태극기가 있었고, 왼편에는
3·1 운동 당시 독립 선언서가 걸려 있었다. 피고석 왼쪽에는 특별방
청석과 기자단석이, 그리고 반대편에는 변호인석과 외국 기자단석
이 있었다. 피고 뒤에는 피고 가족들과 방청객들이 앉았다. 특별방
청석에는 일제강점기 해외에 망명해 독립운동을 했던 과거 독립운
동가들이 앉아 있었다. 분위기가 매우 엄숙했다.

10시 40분경 이기용이 수갑을 찬 채 넋을 잃은 사람처럼 법정에
들어섰다. 이기용의 가족과 박흥식 가족들도 초초한 모습으로 재판
시작을 지켜보고 있었다. 법정이 시작되기 바로 직전, 경찰이 주의
사항을 방청객에게 전달했고, 여전히 법정 분위기는 너무도 긴장한
상태였다. 금방이라도 폭발할 것 같은 긴장감이 감돌았다.

이기용은 팔짱을 끼고 묵묵히 태극기를 쳐다보았다. 이기용의 변
호인단은 총 3명이었다. 모두 변호사들이었다. 당시 법정 모습을 기
록한 기록들에 의하면 재판 첫날 이기용은 그나마 참회하는 모습을
보였다고 한다. 그러나 그 뒤 재판이 진행되면 될수록 모든 사실을
부정했던 것을 보면 진정 반성했는지는 의심스럽다. 이기용은 마지
못한 모습으로 재판정 앞으로 나왔다고 한다.

이기용의 뒤를 이어 박흥식이 재판정에 들어왔다. 박흥식도 변호

인단을 대거 대동하고 들어왔는데, 그는 모든 죄를 부정했다. 예를 들면 1944년 조선비행기공업주식회사를 만들 때 "비행기를 우리 손으로 제작하여 우리 황군(일본군)에게 보내 동아시아 숙적(미국 등 연합군)들을 격멸시키는 감격을 주고자" 비행기 공장을 만들었다는 설립 취지문까지 작성했지만, 재판 과정에서는 "일본의 강요에 의해서 만들었다"고 진술했다. 반성은 전혀 없었다.

항공 회사를 만든 것은 전쟁 물자를 일본에 제공한 죄만 있는 게 아니었다. 당시 비행장을 만들기 위해 약 45만 평 농지를 활용했는데, 이 농지는 모두 농민들 땅이었다. 그러나 박흥식은 군부와 경찰을 동원해서 강제로 농지를 빼앗았고, 거기에 비행기 공장을 세웠다. 그뿐만 아니라 비행장 설립을 위해 2,800여 명이 동원되었는데, 이들도 모두 징용으로 끌려간 사람들을 동원한 것이다. 또한 비행장을 군수 시설로 규정해 비행장 근처의 농토를 가진 농부나 경작자들도 비행기장 주변에 들어갈 수 없도록 했다.

박흥식의 비행기 공장 건립은 전쟁 물자 지원이라는 죄가 일차적이지만, 그 안을 살펴보면 농민들의 농지와 조선 사람들의 노동력을 강제 착취한 죄도 있었다. 일제강점기 모든 기업과 군수 산업을 운영하는 자들은 비슷한 상황이었다. 그러나 박흥식은 이 모든 걸 자신과는 무관하다고 주장했다. 비행기주식회사의 주인은 박흥식 자신이 맞지만, 모두 총독부가 알아서 농지를 빼앗고 노동력도 착취한 것으로 자신과는 무관하다는 것이었다.

친일파 재판 과정은 뻔뻔함을 보는 것과 같았다. 모든 사실을 부정하거나 왜곡된 이념으로 상황을 몰고 갔다. 이종형의 경우 3월 29일 재판이 개최되었는데, 이종형은 법정에 들어오면서부터 거만한 태도를 보였다. 법정에 가득찬 방청석을 한참 동안 보면서 심기가 불편한 모습을 드러내기도 했고, 자리에 앉아서도 자기가 왜 여기 앉아 있어야 하는지 불평하는 모습을 보였다. 반민특위 검찰관이 자신의 죄를 일일이 낭독하자 이종형은 "이 자리가 공산당 법정이냐", "나는 공산당을 때려잡은 애국자다. 훈장을 주지는 못할망정 민족 반역자로 신문한다는 게 말이 되느냐", "여기가 김일성 법정이냐!" 하며 언성을 높이기도 했다.

반민특위 재판부는 1949년 3월 28일 첫 재판부터 공소 시효가 완료된 8월 31일까지 사형 1명, 무기 징역 1명, 체형 13명, 공민권 정지 18명, 형 면제 2명, 무죄 6명 등 총 41건을 취급했다. 8월 말을 기준으로 보면 전체 688명 친일파 중 10퍼센트도 안 되는 인원을 반민특위 법정에 세운 것이다. 그것도 공민권 정지 외에 실형은 단 15건이고, 사형과 무기는 그나마 2건뿐이었다. 실형자의 내면을 보면 대부분 고등계 형사들로 당시 핵심적인 친일파들은 모두 무죄나 병보석 등으로 석방되었다.

사실 특별재판부는 초기부터 친일파 숙청의 대원칙에 어긋나는 모습을 보였다. 1949년 5월 3일 김대우의 재판 과정에서는 피고가 "미안하지만 일본 연호를 써서 진술해도 좋으냐?" 하고 질문하자, 김병우 재판관 주심이 "네, 좋습니다"라고 말해 비판을 받기도 했다. 법 앞에서 만인은 동등하고, 판결 전까지는 범죄자가 아니라 피의자일 뿐이며, 오로지 법적 증거에 입각해 법조문의 규정과 절차에 따라 처벌해야 한다는 이른바 '서구적' 재판 제도는 당시 민족 반역자, 친일파 숙청이라는 국민적 열망을 담아내기에는 너무도 많은 한계가 있었다.

특별재판부의 소위 '법'에 입각한 법적 절차를 거치면서 친일파들은 대부분 석방되었고, 공소 시효가 단축되자 이제는 친일파 처벌보다는 송치된 친일파 처리에 급급했다. 그리고 1951년 법 개정으로 반민법에 의한 모든 판결은 효력이 상실되어, 결국 친일파로 실형을 받은 사람은 세상에 단 한 명도 존재하지 않게 되었다.

특별재판부를 어떻게 봐야 할까

특별재판부의 친일파 판결 결과를 우리는 어떻게 평가해야 할까? 단순히 숫자만으로 특별재판부를 평가할 수는 없다. 특별검찰부는 처음부터 조직적 한계를 안고 출발했기 때문이다.

당시 특별검찰부는 특별검찰관 9명, 조사관 3명, 서기관 3명 등 기소를 위해 참여할 수 있는 인원이 극히 한정되어 있었다. 그런데도 특별검찰부는 특별조사위원회에서 송치된 사건 총 559건을 처리하고, 221건을 기소했다. 이는 1949년 8월 말까지 매일 하루에 두세 건을 취급하고, 하루에 최소 한 건 이상을 기소한 숫자였다. 특별검찰부가 특별조사위에서 송치된 자료만을 가지고 재판을 해도 무리가 없는 상태였으면 몰라도, 그렇지 않다면 기소 후 승소를 위한 절대적 시간과 준비 인원이 필요했다. 재판이 진행되면 특별조사위원회에서 조사한 자료는 친일파들과 그들의 변호인이 모두 인정할 수밖에 없는 명백한 증거가 아닌 한, 모두가 그저 '참고' 자료일 뿐이었기 때문이다.

또한 특별검찰관의 전문성도 문제였다. 특별부는 '애국적 자질'보다 유죄를 입증하는 '전문적 자질'이 더욱 중요할 수 있었다. 그런데 법조계 출신은 극히 소수였고, 몇 명 안 되는 법률 전문가들도 대부분 "일본인이 교육시킨 변호사와 검사들"이었다. 정치인 출신의 비전문가 검찰관들은 친일파를 신문하거나, 특별조사위원회의 의견서를 청취하고 친일파들의 '반민족성'을 역설하는 것 정도가 그들이 할 수 있는 전부였다. 재판을 지켜본 미국은 "피의자에 대한 아무런 입증도 없었다"며, 이는 "이승만 대통령에게 약간의 희망을 주고 있다"고 평가하였다.

반면 친일파들은 모든 진술을 부인했다. 그리고 변호인들은 친일파들의 무죄를 입증하기 위해 추상적인 민족성이 아니라 다양한 '법적 증거'를 모두 동원했다. 전문 변호사뿐만 아니라 관련 분야 전문가도 변호인으로 동원되었다. 김연수의 경우 홍성하 제헌국회 의원과 김동일 상공부 위원을 특별 변호인으로 채택했다. 심지어 다양한 사람들을 동원해서 '탄원서', '연판장', '추천서'까지 조작해서 증거로 제출했다.

즉 특별검찰관들은 승소하기 위한 인력과 조직의 한계로 법적 증거 제시가 제한된 반면, 친일파들은 다양한 '증거'들을 총동원하고 조작까지 하면서 무혐의를 주장한 것이다. 친일파 재판이 법적 증거가 필요 없는 재판이 아니라 법적 증거를 요구하는 '서구적' 재판 형식을 전제로 했다면, 그런 재판 형식에 맞는 실제 준비가 반드시 필요했다. 그러나 반민특위는 조직과 인원이 턱없이 부족한 상태에서 친일파와 변호인, 증인과 탄원자들의 총체적 반격에 충분히 대응하지 못했다. 이런 조직적, 인적 한계를 뛰어넘기 위해서는 일반 형사 소송법과 다른, 친일파 재판의 특성에 맞는 재판 원칙을 미리 세우는 것이 필요했지만 그런 작업도 전혀 고려되지 못했다.

특별재판부의 활동도 비슷했다. 권력층 대다수는 석방되고 일부만 실형을 받은 것을 특별재판관 개개인의 한계로 평가할 수도 있을 것이다. 사실 특별재판부 구성원이 모두 친일파 청산에 적극적인 사람들로 채워진 것도 아니었다. 반민특위 몇 안 되는 법률 전문가는 일제강점기 때 활동한 법률 전문가들로 "일본인에게 교육받은" 장본인이었다. 실제로 이들이 병보석을 자행했다. 이것은 분명 특별재판부의 문제였다. 그러나 이것만으로 반민특위 재판의 문제점을 지적하는 것도 또한 문제일 것이다.

반민특위 재판은 기본적으로 두 시기로 나누어 살펴볼 수 있다. 친일파 재판은 특성상 특별조사위원회의 조사가 완료된 뒤, 특별조사위원회에서 특별검찰부에 친일파를 기소하면, 그때 비로소 특별검찰부가 기소된 친일파들을 조사해서 재판에 회부한다. 그런 절차를 밟다 보면 재판까지 부득이 시간이 걸릴 수밖에 없었다. 문제는 이 과정을 거치면서 반민특위 재판 상당수가 반민특위 전체가 위축되었던 1949년 6월 이후에 본격적으로 진행되었다는 점이다.

반민특위는 습격 사건이 일어난 1949년 6월 이후 성격이 바뀌었다. 반민특위 습격 사건 이후 소장파 의원 출신 특별재판관 상당수는 이미 사임했다. 이때는 반민특위가 김상덕 위원장 체제에서 친일파 청산을 반대한 이인 법무부 장관 체제로 바뀐 때였다. 그전까지는 단 16명만 재판을 받았고, 대다수는 반민특위 습격 사건이 발생한 1949년 6월 이후에야 재판이 진행되었다. 그때는 이미 습격 사건으로 반민특위의 모든 업무가 위축되고 정리의 수순을 밟았던 시기였다. 따라서 1949년 6월 이후의 재판을 가지고 반민특위의 한계를 지적하는 것은 무리가 있다. 특별재판부 평가는 1949년 6월 '이전'과 '이후'의 시기로 나누어서 봐야 하기 때문이다.

여기에 반민법 자체의 문제점 또한 지적하지 않을 수 없다. 앞서 말했듯 친일파들이 형사 소송법에 근거해서 병보석을 요청할 경우 특별재판부는 이를 거부할 법적 장치가 없었다. 반민법이 일반 형사 소송법을 뛰어넘는 재판 원칙을 만들지 못한 것이 근본 문제였다. 거기다 증거 부족 시 증인만으로도 처벌이 가능하도록 한다든지, 논란이 되었던 병보석은 처음부터 금지시킨다든지, 중국의 '한간' 재판처럼 변호인 없는 재판이 가능하도록 한다든지 하는 규정을 별도로 만들지 못한 것도 문제였다.

반민특위 자체의 한계를 부정하려는 것이 아니라, 친일파 청산은 정부의 의지, 사회 조건과 제도적인 측면이 중요하다는 점을 짚고

자 하는 것이다. 당시 법체계는 친일 법률가들이 기틀을 만들었다. 그 틀의 한계를 분명히 인식했어야 하지만 아무도 인식하지 못했다. 그러다 보니 친일파 재판을 친일 법률가들이 만든 법체계를 기본 틀로 해서 진행한 셈이다. 얼마나 황당한 일인가.

거기에 독일, 프랑스 같은 유럽 국가와 달리 대통령부터 모든 국가 기관과 지식인, 지역 유지들까지 친일파 처벌을 반대하고 오히려 방해하는 상황에서, 반민특위가 재판이나 조사를 과연 얼마나 제대로 추진할 수 있었을까. 그러므로 이런 사회 구조적인 문제, 법적 제도적 문제까지도 모두 반민특위 구성원의 한계로 지적하는 것은 부당하다. 예를 들면 그들에게 "너희들은 가족이든 누구든 모두 암살당하거나 간첩으로 몰리더라도, 제대로 된 처벌을 하지 못한 것은 문제"라는 식의 평가는 타당하지 않다는 것이다.

굳이 지적하려면, 우선은 사회 구조의 문제, 법적 제도적인 문제를 지적하고 그다음에 구성원의 한계를 지적하는 게 맞겠다. 독일과 프랑스가 전범이나 나치 협력자를 제대로 처벌할 수 있었던 것은 그들의 의지도 중요했지만, 직접 나서서 적극 추진한 정부의 의지, 법적 제도적 조치, 사회 구조적인 지원들이 모두 모여 작용한 측면도 분명 있기 때문이다. ◉

외국은 과거사 청산을 어떻게 했을까?

1945년 8월 제2차 세계 대전이 끝나갈 무렵, 일본에 침략당한 중국이나 전쟁을 일으킨 독일뿐 아니라 독일에 점령당한 프랑스, 덴마크, 네덜란드 같은 유럽 국가에서는 전쟁 협력자, 반민족행위자들에게 처벌을 단행했다. 그 명칭은 전범, 한간, 나치 협력자, 반인도적 범죄자처럼 다양하게 불렸지만, 과거사 청산을 통해 새로운 국가를 건설하려는 기본 방향은 모두 동일했다. 이러한 노력은 전 세계의 일반적인 모습이었다. 과연 세계는 과거사 청산을 어떻게 했을까?

유럽은 점령 기간은 짧게는 몇 개월에서 길게는 1, 2년 정도였지만, 우리는 상상도 못 할 정도로 매우 적극적으로 과거사를 청산해 나갔다. 36년간 식민지를 경험하고도 친일파를 재등용한 대한민국과는 너무나 달랐다.

아시아 국가 가운데 중국은 국민당 정부와 공산당 정부 주도하에 각각 별도로 '한간'에 대한 처벌을 단행했다. 중국은 전쟁 중에 특정 지역을 탈환하면, 탈환한 지역별로 한간 재판을 자발적으로 추진했다. 특정 지역을 점령할 때마다 '일본에 협력하거나 국가에 반역한' 반민족행위자를 처벌한 것이다. 기본으로 법과 제도적 통일성이 있었다기보다 지역별로 자율적으로 추진했다. 그 인원과 대상은 정확하게 파악되지 않았지만 매우 광범위했던 것으로 알려져 있다.

그러다가 법적, 제도적으로 체계적인 친일파 청산은 전쟁이 끝난 이후에 본격화되었다. 중국 국민당 정부(현 대만)는 각 성의 고등법원에서 1945년에서 1947년 10월까지 25,000건의 한간 재판을 단행해서, 이 가운데 369명을 사형시키고, 979명을 무기 징역, 13,570명을 유기 징역에 처했다. 국민당 정부가 사법 처벌을 단행했다면, 중국 공산당 정부(현 중국)는 인민이 참여한 인민재판 방식으로 추진했다. 공산당 정부의 처벌은 지역별로 이루어져 규모가 정확히 자료로 확인되지는 않지만, 전체적으로는 국민당 정부보다는 매우 많고 엄중했다고 평가받았다. 중국의 한간 처벌을 두고 "국론 분열이다, 민족 분열이다" 같은 말은 나오지 않았다. 공산당이나 국민당이나 이념은 달랐지만 한간 처리 원칙은 동일했기 때문이다.

독일의 경우는 더 냉정했다. 독일은 제2차 세계 대전을 일으킨 전범 국가로, 1945년 8월 전쟁이 끝나자마자 미국, 영국 등의 연합국이 모여 독일 전범자를 처벌하는 재판을 단행했다. 연합국의 전쟁 범죄자 재판은 1950년대 초까지 진행되었다. 이때 총 3,442명을 체포해서 1,327명을 반인도적 범죄자로 처벌했다. 이중 37명에게 사형 선고를 내리고, 24명에게 실제 사형을 집행했다.

연합군에 의한 전범 재판이 끝나자, 본격적인 탈나치화 작업이 독일 정부 자체적으로 더 강력하게 추진되었다. 독일 정부는 연합군의 전범 재판 이후 1993년까지 '나치범죄 진상규명위원회'를 자체적으로 만들어서 총 105,059건의 나치 범죄자를 처벌했다. 이 가운데 6,489명에게 유죄 판결을 내리고, 163명에게 종신형, 그리고 6,199명에게 유기형, 114명에게 벌금형을 내렸다.

그 뒤에도 나치 범죄자가 계속 확인되자 2008년에는 독일 정부에서 '기억, 책임, 그리고 미래 재단'을 설립해서 재단을 통해 지금까지도 과거사 문제를 조사하고 나치 범죄자 청산 작업을 계속하고 있다. 그뿐만 아니라 나치즘과 학살에 대해 국가가 직접 시민들에게 교육과 홍보를 하고, 나치즘의 문제점을 일반 국민들에게 지속적으로 알리고 있다. 심지어 지금도 전범자가 확인되면 처벌을 계속했다. 앞서 2022년 101세 노인의 전범 사실이 확인되자 나이와 상관없이 5년 형을 내렸다는 사실은 유명한 일화이다. 독일의 모습은 친일파 청산을 단 1건도 하지 못한 한국이나, 일제강점기 학살을 자행하고도 인정하지 않는 일본과 비교된다.

프랑스도 독일 이상으로 과거사 문제를 청산하려 한 대표적인 국가 가운데 하나이다. 프랑스는 전쟁 중인 1944년부터 점령 지역별로 '협력자 재판소'를 전국에 설치해서 전쟁 협력자 6,763명에게 사형 언도를 내리고, 총 767명에게 사형을 집행했다. 그리고 전쟁 협력자 약 4만여 명에게 징역형을 선고하고, 4만여 명의 시민권을 박탈하기도 했다. 거기에는 프랑스 총리와 프랑스 정부의 고위 관료 108명도 포함되었다.

이는 1948년과 1949년 이승만 정부의 장차관에 임명된 친일파들에게 처벌을 수차례 시도했지만, 정부의 반대로 단 한 명도 처벌을 하지 못한 우리나라와 비교된다. 그런데 프랑스의 과거사 청산은 형사 처벌뿐 아니라 다양한 형태로 진행되었다. 친나치 문인들에게는 작품 발표를 금지시킨다든지, 부역한 공무원에게 다양한 징계를 내리거나 각 분야 노조 간부들은 노조에서 쫓아냈으며, 나치에 협력한 신문은 아예 폐간 조치를 했다. 공무원 중 2만 5천여 명을 '해임'하거나 '파면'하기도 했는데, 파면되면 연금이나 퇴직금도 못 받았다.

나치 협력자 처벌은 전쟁이 종료된 이후에도 계속되었다. 프랑스는 나치에 협력한 사람들을 '범죄자'로 규정하고, 전쟁이 끝난 이후에도 32만 명에 달하는 나치 협력자를 조사했다. 이중 12만 5천여 명이 재판을 받았고, 9만 5천명에게 실형을 선고했다. 프랑스는 단지 4년여 간 독일에 점령을 당했지만, 나치에 협력했던 사람들 청산을 위해 정부가 광범위하게 조사하고 처벌을 집행한 것이다. 프랑스는 지금까지도 나치 협력자를 '반인도적 범죄자'로 규정하고 이들에 대한 조사와 재판을 계속 진행 중이다.

독일과 프랑스만 과거사 청산이 있었던 것은 아니다. 대부분 모든 유럽 국가에서도 청산이 진행되었다. 과거사 청산이 건강한 시민 사회를 만드는 기본 방향이라고 확신했기 때문이다. 벨기에의 경우, 나치 점령 기간이 1944년 9월부터 1945년 8월로 단 11개월이라는 짧은 기간이었지만, 이 기간 동안 독일에 협력한 사람들을 처벌하고자 별도의 군사 재판소를 설치했다. 이 군사 재판소에서는 약 40만 건에 이르는 재판을 했다. 그리고 이들 가운데 5만 7천여 건을 기소하고, 3천여 명에 달하는 독일 협력자들에게 사형 언도를 내렸으며, 2,300여 명에게 종신형을 언도했다.

네덜란드도 독일 협력자로 총 15만 명 가량을 수감했다. 1945년 당시 네덜란드 인구가 약 900만 명이었던 것을 감안하면, 네덜란드 인구 70명당 1명꼴로 체포한 것이다. 네덜란드는 1946년부터 1949년까지 과거사 재판을 통해 135명에게 유죄 판결을 내렸고, 이들 중 78명에게 사형 언도를 내렸으며 46명에게 실제 사형을 집행했다.

덴마크도 전체 인구(약 400만 명)의 0.3퍼센트인 1만 3천여 명에게 유죄 판결을 내렸다. 이중 4년 이상 중형을 받은 사람은 3,500여 명이고, 4년 이하 형을 받은 사람도 1만여 명, 사형 언도를 받은 사람은 78명이고, 실제 46명의 사형이 집행되었다. 노르웨이도 총 9만 3천여 명을 반역죄로 기소하고 총 4만 5천여 명에게 유죄 판결을 내렸으며, 오스트리아도 1955년까지 13만 6천여 명을 조사해서 2만 8천여 명을 기소하고, 이중 1만 3천여 명에게 유죄 판결을 내렸다. 이 가운데 34명에게 무기 징역, 43명에게 사형을 언도했다. 30명에게 실제 사형을 집행했다.

유럽 대다수 국가들은 짧게는 1년, 길게는 2년 동안 독일 나치에 점령당했지만, 나치 협력자들의 처벌은 매우 엄했다. 특히 눈에 띄는 것은 교육계나 문화계 협력자들을 다른 인사들보다 더 엄격하게 처벌했다는 사실이다. 나치나 협력 단체에서 일정 고위직을 역임한 반역자들은 재판 시 그 행위의 증거가 제시될 필요가 없었다는 점도 주목된다. 증거주의라는 미명하에 시간을 버리지 않고 신속하게 처벌하기 위한 조치였다.

이 과정에서 어느 누구도 반대하거나 저지하지 않았다. 국가가 직접 나서서 처리했다. 그리고 전쟁이 끝나고 70년이 지난 지금까지도 처벌은 계속 진행 중이다. 또한 단순히 처벌하는 것으로 끝나지 않았다. 기본적으로 기념사업이나 교육 사업도 추진했고, 다양한 형태의 국민 교육과 홍보도 했다. 더 이상 나치 협력자, 민족 반역자들이 만들어져서는 안 된다고 보고 이를 위한 다양한 방법을 추진한 것이다. 이를 위해 정부는 독일처럼 '기억, 책임, 그리고 미래' 같은 재단을 만들거나 정규 교육 과정에 제도적으로 체계적으로 다양한 프로그램을 운영하고 있다.

우리는 유럽과 달리 36년이라는 기나긴 시간 동안 일본 식민지를 경험했다. 그 과정에서 너무도 많은 반민족행위자, 친일파들이 만들어졌지만, 단 1명도 처벌하지 못했다. 더 중요한 것은 처벌을 반대한 핵심 세력이 다름 아닌 국가 권력이었고, 친일 비호 세력이 바로 그 국가 권력을 장악했다는 점이다. 그리고 지금도 과거사 청산을 주장하면 좌파로 매도하거나 매국노로 몰아세우고 있다. 더는 그래서는 안 된다. 유럽 국가처럼 과거사 청산을 하지는 못할망정, 최소한 과거사를 청산하려는 노력을 음해하거나 정치적으로 매도해서는 안 된다. 그리고 국가 차원에서 더 이상 반민족행위자, 민족 반역자들이 발생하지 않도록 작은 노력이라도 시작해야 한다. 그래야만 건강한 시민 사회로 나아갈 수 있다.

전국 방방곡곡 친일파 조사

서울에 있는 반민특위가 전국에 널리 알려진 친일파들을 조사했다면, 지방의 반민특위
는 지방 사회에 숨어 있는 친일파를 조사했다. 이는 당시 전국적으로 친일파를 청산해
서 지방 사회까지 새로운 대한민국을 만들어야 한다는 의지가 반영된 것이었다.

반민특위 도 조사부

우리는 흔히 반민특위는 서울에만 있었다거나, 조직도 오직 하나만 있었다고 알고 있다. 일부는 맞는 말이지만 일부는 또 틀린 말이다. 반민특위는 서울에만 있지 않았고 전국 각 도에 별도의 반민특위 조사부가 있었다. 이를 흔히 '반민특위 도 조사부'라고 하는데, 도 조사부는 일본을 등에 업고 지역 사회를 강탈했던 지방 친일파들을 조사하는 기구였다. 서울에 있는 반민특위가 전국에 널리 알려진 친일파들을 조사했다면, 지방의 반민특위 도 조사부는 지방 사회에 숨어 있는 친일파를 조사했다. 도 조사부도 중앙과 같이 별도의 위원장이 선출되었고, 조사관과 서기관, 그리고 특경대도 별도로 두었다. 당시 전국적으로 친일파를 청산해서 지방 사회까지 새로운 대한민국을 만들어야 한다는 의지가 반영된 것이다.

반민특위 도 조사부는 별도의 법까지 만들어서 구성했다. 위원장도 국회에서 직접 선출했다. 문제는 위원장의 권한이 적지 않았다는 점이다. 도 조사부 위원장이 조사관과 서기관을 직접 뽑고, 특경대도 선출할 권한을 가졌을 뿐만 아니라 조사할 친일파를 선정하거나 체포하는 권한도 모두 가졌다. 이렇듯 모든 권한을 가졌기 때문에 위원장 선출은 국회에서도 많은 논란이 되었다.

원칙으로는 도 조사부 위원장은 독립운동을 한 경력자를 선출하도록 되어 있었다. 그러나 각 지역의 국회의원들이 경력과 상관없이 자파 세력을 선출하려고 했다. 결국 다양한 경력의 인물들이 선출되었는데, 그나마 도별 위원장을 개별적으로 국회에서 논의하고 투표하는 방식으로 선출하면서 친일 경력자는 어느 정도 배제되고 독립운동 경력자가 상당수 뽑히게 되었다.

경기도 조사부의 이기용 위원장은 1919년 대한민국 임시정부 의정원 경기도 의원으로 활동하다가 1922년 7월 안창호 등과 함께 시사책진회를 조직하여 활동했던 인물이었다. 그리고 경상북도 조사부 위원장 정운일은 독립운동가인 박상진 의사와 함께 1915년 1월 결성된 조선국권회복단, 그리고 그해 7월 결정된 대한광복회에 참여한 인물이었다.

특히 정운일은 1916년 8월 대구의 거물 친일파 서우순을 처단하려 한 소위 '대구 권총 사건'으로 구속된 인물이었다. 대구 권총 사건은 정운일, 김진만 같은 대한광복회 대원들이 1916년 대구 지역의 대표적인 친일 부호로 알려진 서우석을 처단하려다, 서우석의 머슴에게 발각되어 권총이 발포된 사건이다. 당시 광복회 대원들은 친일파를 처단해서 민족적 경각심을 불러일으키려 했다. 그러나 이 사건으로 체포되어 징역형을 받았다. 이렇듯 정운일은 친일파 처단에 일찍부터 관심을 가져 왔다.

경상남도 조사부 위원장인 강홍렬은 3·1운동에 참여해서, 3·1 독립 선언서를 경남 합천 일대에 전달하고, 1923년 상해에 가서 국민대표회의에 참석한 후 의열단에 입단하여 김원봉과 함께 활동한 인물이었다. 그는 1924년 독립군 자금을 조달하려고 국내에 잠입해서 조선 총독부, 동양척식회사, 경찰관서 들을 파괴하고, 주요 인사의 암살을 하다가 체포되어 2년여 복역하기도 했다.

강원도 조사부 위원장인 김우종은 일제강점기 배재고보와 연희전문학교, 남경의 금릉대학을 마치고 기독교 민족운동에 헌신하다가 옥고를 치른 경력의 소유자였다. 그러나 해방 직후 건국준비위원회에 참여했다는 이유로 제헌국회의 보수파 의원들이 문제를 제기하기도 했다. 그런데 건국준비위원회는 극우 세력들이 좌파 단체로 매도하고는 있지만, 사실 민족주의 세력이 더 많이 참여한 조직이었다. 김우종 또한 대표적 중도 언론지였던 강원일보사를 설립하고 백범기념사업회를 만들어 활동하기도 한 것으로 보아, 중도적이지만 민족주의 색채가 강한 인물로 볼 수 있다.

미군정은 강원도 위원장 김우종을 상해에서 독립운동을 한 인물로 3년간 복역했다고 평가했다. 그리고 경상북도 위원장 정운일도 경상북도 독립운동가로 7년간 복역한 인물이라고 평가하는 등 전반적으로 반민특위 도 조사부 위원장은 일제강점기 독립운동가 출신이 많았다고 보았다.

도 위원장이 선정되자 도 조사부도 신속하게 조직이 추진되었다. 각 도 위원장이 조사관, 서기관, 그리고 특경대원을 직접 선출하면서 본격화된 것이다. 다만 조직 시기는 지역에 따라 차이가 있었다. 도 조사부 위원장이 일찍 선출된 경남과 전남 조사부는 1월 20일과 2월 1일 빨리 구성되었고, 위원장이 늦게 선출된 경상북도나 전라북도, 강원도 조사부는 2월 말에나 구성되었다.

도 조사부 조직은 반민특위 본부와 같이 세 개 조사부로 나누어 운영되었다. 제1 조사과는 정치 분야 친일파를 조사하고, 제2 조사과는 경제 분야 친일파를, 제3 조사과는 일반 사회 분야 친일파를 조사했다. 그리고 반민특위 본부처럼 도 조사부도 특경대를 별도로 조직했다. 그렇게 도 조사부는 사무국장 1명과 조사관, 서기관 각각 3명, 특경대원 10명 안팎, 그리고 일반 사무원들을 포함해서 총 20명에서 30명으로 운영되었다.

그런데 도 조사부는 조직 당시부터 한계가 노출되었다. 김상덕 위원장은 처음 도 조사부를 설치할 때 조사관과 정보관을 각각 20여 명씩 두는 확대안을 국회에 제안했다. 경상도나 경기도의 경우 20여 군으로 이루어졌기 때문에, 각 군에 최소 조사관 1명씩은 있어야 실질적인 조사가 가능하다 보고 20여 명을 요구한 것이다. 그러나 논의 과정에서 조사관과 서기관을 겨우 3명씩만 배정해 형식적인 인원 배치라는 비판을 면하기 힘들게 되었다. 일부 의원들은 "각 군에 조사 지부를 설치하자"고 제안했지만, 이것도 받아들여지지 않아 결국 충실한 조사 가능성은 처음부터 배제된 상태로 도 조사부가 조직되고 말았다.

경기와 강원도 지역 조사

도 조사부에서는 친일파를 어떻게 조사했을까? 자료가 많지 않기 때문에 자료만으로 살펴보기에는 많은 한계가 있지만, 전반적인 분위기는 파악할 수 있을 듯하다.

먼저 경기도 조사부를 살펴보면, 경기도 조사부(위원장 이기용)는 1949년 2월부터 본격적인 업무를 시작했다. 경기도 지역은 남북으로 갈라져 지역이 넓었기 때문에 1949년 2월 25일 인천에 별도의 인천 지부를 설치했다. 그리고 1949년 8월 말 반민특위가 해체될 때까지 친일파 총 37명을 다루었다. 이 가운데 영장은 17명에게 발부하고, 13명을 체포했다. 직업별로 살펴보면 상당수는 고등계 형사나 헌병보 출신이지만 중추원 참의, 도지사, 면장 출신과 군수 공장을 경영한 사람, 친일 단체에 참여한 사람 등등 다양하게 포함되었다. 특히 타 지역에서 잘 확인되지 않던 승려 출신과 의사 출신 친일파도 포함되었다.

체포된 친일파 중 한규복은 일제강점기 일본어 통역관으로 출발해서 중추원 참의와 황해도 도지사를 역임한 인물로, "일상생활의 일본화"를 주장한 인물이었다. 현재로 보면 통역을 맡았다가 도지사와 국회의원까지 된 것이니 단순 친일파로 볼 수는 없을 것이다. 고한승은 일제강점기 기자 출신이었다. 일반적으로 언론 기자 출신들이 과거나 현재나 권력 지향적인 성향을 보여 왔는데, 고한승은 《경성일보》 일반 기자 출신으로 출발해서 나중에는 송도항공기 비행기 회사를 만들어 본인이 대표가 되었으며, 일제에 비행기까지 헌납한 악질적인 친일파 중 한 명이었다.

그 밖에도 일제강점기 면장 출신 김응삼, 인천 사찰의 주지승이면서 국방헌금까지 냈던 한규복과 의사 출신 이관석도 체포되었다. 종교 단체나 의사 같은 전문직 출신도 권력 지향적인 경우가 많은데, 경기도 조사부에서는 종교계와 의료계 출신의 친일파도 확인하고 있었다.

경기도 조사부는 6월 10일까지 체포를 13건 단행했다. 그런데 8월 말 반민특위가 해체될 때에도 여전히 13건으로, 초기에는 적극적이었지만 6월 10일 이후 활동을 중단한 것으로 보인다. 반민특위 습격 사건 이후의 분위기가 반영된 것으로, 서울에서 발생한 습격 사건이 지방 사회에서는 더 크나큰 영향을 끼친 것이다. 이런 경향은 친일파 평가서에서도 확인된다. 6월 초까지만 해도 "부민의 원성이 자자", "엄중 처단이 필요"하다며 엄격하게 평가했지만, 6월 이후에는 "악행은 없음", "피동적", "기술이 필요", "증거가 없음"처럼 석방을 전제로 한 평가서를 작성했다.

강원도 조사부(위원장 김우종)는 1949년 2월 28일부터 업무를 시작했다. 김우종 위원장은 3월 1일 "당국과 도민의 협조"를 요청한다는 담화를 발표하고, 3월 7일에는 투서함을 설치하면서 본격적인 활동을 시작했다. 그리고 특경대도 15명을 별도로 설치하면서 적극적인 모습을 보였다.

사실 강원도 조사부는 다른 지역에 견주어 친일파 청산에 매우 적극적인 조직 가운데 하나였다. 체포된 친일파들에게 사식을 주려 하자 "일제강점기 일반 국민이 굶주릴 때 그들은 민족을 팔아서 홀로 살찌던 자였기에, 지금 형무소에서 이 정도의 밥은 먹어도 된다" 하며 사식 제공을 거절했다. 그리고 김우종 위원장도 "어떠한 권력이나 금품을 가지고 도피 방법을 찾는 자나, 도피를 동조하는 자는 더 가혹하게 처단할 것"이라는 담화를 발표하면서 친일파 청산에 강한 의지를 내비쳤다.

강원도 조사부에서 친일파 청산에 강력하게 대응하자, 1949년 3월 28일 친일파들은 조사관 김영택을 돈으로 회유하여 위원장을 암살하려는 '암살음모 사건'을 계획하기도 했다. 이 사건은 실패했지만, 친일파들 입장에서는 강원도 위원장을 대단히 위협적인 존재로 느낀 것은 분명한 듯하다.

위원장 암살음모 사건은 뒤에서 다시 언급하겠지만, 강원도 지역 친일파들이 가정 형편이 어려웠던 특경대원을 돈으로 매수해서 특경대원이 소장하고 있던 총기가 오발된 것처럼 꾸며 강원도 위원장을 암살하려던 사건이었다. 그만큼 친일파들에게 강원도 위원장은 위협적인 존재였던 것이다.

강원도 조사부는 친일파 총 27명을 다루었는데, 직업별로 보면 경찰 출신이 가장 많았고 일본 도회의원, 중추원 참의, 군수, 도지사 출신들이 포함되었다. 이중 유홍순은 1910년 충청북도 말단 공무원이었던 서기에서 출발해서 강원도 도지사까지 오른 인물이었다. 현재로 보면 지방직 9급 공무원으로 입사한 후 도지사까지 된 것이다. 그리고 최석현은 1915년 헌병 보조원으로 출발해서 독립운동가를 체포한 공로로 강원도 영월 군수로 발탁되었다.

우리는 가끔 친일파를 조사할 때 친일 행위와 직위를 가지고 친일 여부를 평가하는데, 친일 행위를 따지기 이전에 지금도 말단 공무원이나 헌병 보조원에서 도지사나 군수까지 올라가는 경우는 거의 불가능하다. 그런데 일본이 말단 직원을 도지사와 군수로 발탁했다면, 그만큼 그들을 일본인보다도 더 믿었다는 것으로 그 자체만으로도 친일파로 봐도 무방할 것이다.

그런데 이렇게 적극적이었던 강원도 조사부도 1949년 6월 이후로는 조금씩 바뀐다. 8월 29일 강원도 지역의 대표적인 친일 경찰 최준성의 조사 보고서를 보면, "온순"하며, 면장으로 있으면서 면을 위해 노력한 인물이라고 하면서 "관대한 처분"을 요청하고 있다. 최준성은 1921년 강원도 순사로 임명된 후 1930년대 후반까지 거의 20여 년 강원도 지역 경찰로 있으면서 독립운동가들을 체포한 인물로, 1938년 영월면장, 1939년 영월상공회의 회장을 겸했다. 해방 후에도 반민특위에 체포될 때까지 영월면장을 지냈으며, 반민특위 와해 뒤인 1950년에는 평창군수로 승진해 《친일인명사전》에까지 등록되었다. 그런 친일파를 두고 1949년 8월 말에 와서는 석방을 전제로 한 조사 보고서를 작성한 것을 보면, 도 조사부 중에서 가장 적극적이었던 강원도 조사부도 6월 반민특위 습격 사건으로 상당히 큰 영향을 받았음이 분명한 듯하다.

충청도 지역 조사

충청남도 조사부(위원장 윤세중)는 1949년 2월 12일 설치되었다. 그리고 친일파 조사 원칙을 다음과 같이 제시했다.

첫째, 죄를 처벌하기보다는 반성과 참회의 기회를 준다.
둘째, 민족에 피해를 많이 준 자라면 면서기라도 처벌하고, 현저한 악질자가 아니라면 고등형사를 10년 이상 해도 용서한다.
셋째, 일제강점기 죄가 현저한 자라도, 해방 이후 공헌이 있으면 면제한다. 　　　　　　　　　　　　　　《동방신문》 1949년 9월 1일

반성과 참회, 용서도 문제지만 해방 이후의 공적을 포함시킨 것은 친일파 처벌의 방향을 흐리게 할 우려가 있었다. 친일파 문제는 일제강점기 행적이 문제이지 해방 이후 행적으로 가감을 할 수는 없기 때문이다. 이것은 지금도 친일파 평가 원칙에서 동일하다. 앞서 나왔듯 많은 친일파들은 해방이 되자 자신들의 친일 행위를 덮기 위해 위장된 '애국 행위'를 하는 경우가 많았다. 그렇기 때문에

반민특위는 해방 이후의 공헌은 대부분 제외시켰다. 그런데 충청남도는 처음부터 이를 포함시킨 것이다.

사실 충남 조사부는 친일파 숙청 의지가 상대적으로 약한 지역이었다. 공주 지역의 대표적 친일파였던 공주 갑부 김갑순은 자신의 머슴들을 동원해서 "김갑순은 애국자였다"는 연판장을 돌리며 석방운동을 했다. 하지만 도 조사부는 특별한 언급을 하지 않았다. 도리어 1949년 7월 반민특위 공소 시효가 단축되자 충남 조사부는 "오히려 좋은 기회다" 하면서 환영하기도 했다. 공소 시효가 단축되자 반민특위나 지식인들은 국회와 정부를 성토하는데 정작 충청남도 조사부는 이승만 정부와 같이 환영한 것이다.

충청남도 조사부는 설치 뒤 공소 시효가 종료된 8월 말까지 총 74명을 조사했다. 체포된 친일파들은 일본 작위를 받은 자를 비롯하여 중추원 참의 출신, 국책 단체 참여자, 국방헌금 납부자, 밀정, 면장, 형사 출신 등이 포함되었다.

이 가운데 성원경은 1918년 호서은행 충남 예산 지점 은행원으로 입사해서, 국방헌금을 수차례 헌납하고 일본군의 전승에 기여하기도 해서 그 공로로 중추원 참의까지 오른 인물이었다. 지방의 일반 행원이 국회의원으로 발탁된 것은 지금도 흔한 일은 아니다. 성원경은 해방 직후에는 이승만의 대한독립촉성국민회 예산군 운영위원장도 역임했다.

또한 일제강점기 인쇄소를 경영한 이영구도 일본에 국방헌금을 수차례 납부한 인물이었다. 친일파들 특징 중 하나가 국방헌금을 납부한 경우가 많다는 것인데, 임시정부에서 작성한 친일파 명부에서도 국방헌금자를 별도로 작성할 정도로 임시정부는 국방헌금 납부자에 강경한 입장을 취했다. 친일파들이 낸 국방헌금이 독립운동가들을 학살하는 무기 비용 등으로 사용되었기 때문에 독립운동가나 임시정부 입장에서는 아주 엄하게 다루었다.

충청남도 조사부는 친일파 평가서를 작성할 때 대부분 "민족성이 농후", "칭송이 자자"라고 작성해서, 친일파를 조사는 하되 처벌할 의지는 처음부터 없었던 것으로 보인다. 타 조사부에 견주어 전반적으로 친일파 숙청에 매우 소극적인 지역이었다고 볼 수 있다.

충청북도 조사부는 다른 조사부보다 늦은 1949년 2월 12일 위원장(경혜춘)을 선출했다. 그러다 보니 조사부 활동도 타 지역보다 늦은 3월 2일부터 시작했다. 1949년 3월부터 8월 말까지 체포 19건, 미체포 5건, 송치 26건까지 총 40건을 취급했다. 여기에는 중추원 참의 출신과 친일 단체 간부, 일제강점기 경찰 간부 출신들이 포함되어 있었는데, 한국인 최초로 일본 신사를 관리한 인물도 있었다. 신사는 일본 황족이나 조상을 모시는 사당으로, 일본에서는 주요 민족 행사 때 신사에 가서 참배하는 전통이 있어 특별히 경건한 장소로 여겨졌다. 이런 일본 신사를 관리한 사람이 조선인이라는 것도 조금은 특이한 사례이다.

충북 지역에 체포된 친일파 중 박두영이 있는데, 구한말 일본 육사(15기)를 졸업하고 유동열 의병 등을 토벌한 인물이다. 그는 의병 대장 이경년을 체포, 사형시켜 그 공로로 일본 훈장을 받고 중추원 참의에 임명되었다. 일본 육사 출신은 주로 의병이나 독립군을 토벌해서 공을 세우려고 지원하는 경우가 많은데, 대표적인 한 명이 박정희 전 대통령이다. 박두영도 그런 인물이었다.

한편 충북 조사부는 청주 지역의 핵심 친일파인 김원근도 다루었다. 김원근은 김원근상회, 청주상업학교 들을 설립한 청주 지역 최고 부호의 한 명이었다. 그는 일제에 '충북호'라는 비행기까지 헌납했다. 해방 후 김원근은 대성학원을 운영하면서 지금의 청주대학교를 설립하기도 했다.

충청북도 조사부도 반민특위 습격 사건을 기점으로 친일파들 평가가 달라졌다. 김원근도 "도민이 살아 있는 부처로 보고 칭송"한다고 평가하고, 반민특위 본부에 "피의자 김원근은 충청북도에서 여러 사람들의 빈민 구제에 많은 공헌이 있었다. 충청북도 교육 사업에 공적이 현저하고, 소행이 도민의 사표가 된다. 현재 경영하는 사업도 김원근이 없으면 계속할 수 없다"며 석방을 요청하는 의견서를 추가로 제출했다. 이 '요청서'는 도 조사부에서 중앙 조사부로 보내는 일반적 서류는 아니었지만, 그 의도는 명확했다.

김원근이 충북 조사부에 어떤 조치를 취해 이런 요청서가 작성되었는지는 몰라도, 그만큼 친일파들이 지역 사회를 장악한 결과로 보인다. 친일파들은 사회 각계각층을 총동원해서 자신의 결백을 조작했고, 도 조사부도 이런 그들의 영향력을 극복하지는 못한 것 같다. 지역 사회를 장악한 친일파들의 처벌은 과거나 현재나 결코 쉽지 않다는 사실을 다시 한번 보여 준다.

전라도 지역 조사

전라남도 조사부(위원장 최종섭)는 1949년 2월 7일부터 공식 업무를 시작했다. 2월 9일 조사관과 서기관들을 임명하고, 3월 7일 부내 7개 지역에 '투서함'도 설치했다. 그리고 광주 학생항일운동 사건 관계자 등 주요 사건을 중심으로 친일파 조사를 했다. 3월 18일부터 8월 10일까지 총 48건을 취급했는데, 이들을 직업별로 보면 일제강점기 고등형사를 비롯하여 중추원 참의, 군수, 도평의회 의원, 면장, 도청 노무 관리, 밀정, 군수 공장 업자, 부회의원, 농회 간부처럼 다양했다. 이중 경찰 관계자가 유독 많았다. 이는 전라도 지역에는 광주 학생운동이라는 지역의 독립운동이 있어서, 사건별로 친일파를 조사한 결과였다.

그런데 전남 조사부는 타 지역에 견주어 친일파들의 공격이 많았던 지역이었다. 이중 일제강점기 군수 기업을 운영하며 수류탄 따위를 제작, 지원한 이문환의 석방운동은 눈에 띈다. 1949년 4월 30일 YMCA회원 12명은 이문환 석방을 위한 진정서를 작성해 반민특위 전라남도 조사부에 제출했다. 이문환이 "기술자이고 대한민국의 공업 발전을 위한 역군"이라면서 석방을 요구하는 내용이었다. 물론 이런 진성서는 친일파들이 여론을 조작하기 위해 만든 경우가 대부분이었다.

그런데 이문환은 여기서 끝나지 않았다. 1949년 4월 20일 도 조사부의 조사관을 회유해서 중앙에 송치하기 위해 작성한 '조사서'를 바꿔치기한 것이다. 반민특위 도 조사부에서 다룬 사건은 이후 중앙의 반민특위에서 재조사할 인력과 시간이 없어, 도 조사부 조사서가 특별검찰부의 기소나 특별재판부의 재판에도 직접적인 영향을 미친다. 바로 그 사실을 악용해서 조사서 작성 초기부터 조사 내용을 바꿔치기하는 방식을 택한 것이다. 처음에는 탄원서나 진정서 등으로 여론을 조작하거나 거짓 증거를 만들었는데, 이것으로 부족하다 보고 조사서 자체를 미리 바꿔치기해서 더욱 확실하게 면죄를 받으려는 속셈이었다.

이 밖에도 전남 지역에서는 증인을 협박하거나, 조사관들을 협박하는 사건도 있었다. 1949년 5월 30일과 6월 2일, 도 조사부에는 "생명과 가족들을 위해서는 2주일 이내에 퇴진하라. 만일 그러지 않으면 도 조사부 관계자와 가족들을 처형할 것이다"라는 협박장이 날아왔다. 이렇게 전남 지역의 친일파들은 탄원 활동부터 조사서 바꾸기, 증인 협박, 도 조사부 관계자의 회유와 테러 같은 다양한 방식을 총동원해 조사부를 압박한 것이다. 전라남도 조사부의 실제 활약상은 정확히 확인되지 않지만, 이런 테러와 협박들이 많았다는 것은 그만큼 전라남도 조사부가 타 지역에 비해 매우 적극적으로 활동했다는 사실을 반증한다고 볼 수 있다.

그런데 전남의 대표적 친일파 현준호의 처리 과정을 보면 꼭 그렇지만도 않았다. 현준호는 1924년 전라남도 의회 의원, 1930년 조선 총독부 중추원 참의, 1942년 시국대책사상보국연맹 전남 지부장, 국민총력연맹 이사장을 역임한 전남 지역의 대표적 친일파로 《친일인명사전》에도 올라와 있다. 그는 1949년 5월 20일 체포되었지만 공소 시효가 다가온 8월 24일에 가서야 송치되었고 8월 31일 기소 유예로 석방되었다. 송치 날짜가 늦은 것이 업무상 부득이한 것이었는지, 아니면 의도적이었는지는 명확하지 않다. 하지만 도 조사부에서 작성한 현준호 보고서에 "호남은행을 운영할 때 일본 인을 쓰지 않았으며, 육영 사업 등으로 주변에서 호평을 받았다"는 평가가 나오는 것으로 보아 처음부터 현준호를 석방시키려 했던 것 같다. 물론 보고서 작성 시기가 반민특위 습격 사건 이후이고, 특히 반민특위가 해체되기 바로 직전이라는 시기적인 특성 또한 작용한 결과로 보인다.

전라북도 조사부(위원장 손주탁)는 1949년 2월 24일 업무를 시작했다. 조사부 활동이 시작되자 도청에서는 1949년 3월 15일부터 31일 까지 '일본 문화 근절 주간'을 정하고, 일본식 간판 광고, 노래, 서적, 레코드 판매 등을 제한하기도 했다. 전라북도 조사부는 3월 2일부터 8월 말까지 총 54건을 취급해서 35명을 체포했다. 현재 확인되는 친일파는 18명으로, 일제강점기 고등계 형사가 대부분이었다. 그리 고 거물 친일파였던 소진문과 홍종철을 제외하면 모두 3월에 체포 했다.

전라북도 친일파 중에는 김제 경찰서 형사 출신이었던 김우영이 주목된다. 그는 해방 이후 일본인이 경영하던 시멘트 공장의 사장 으로 있으면서, 반민법이 제정되자 자신의 공장을 친지에게 허위로 양도하고 서울로 올라가 중앙의 반민특위에 자수했다. 체포되더라 도 재산만은 유지하겠다는 이유에서였다. 지역과 달리 서울의 반민특위는 남겨 둔 고향의 재산을 모를 것이라고 본 듯하다. 그러나 전북 조사부는 진상을 확인하고 사건을 다시 가지고 와서 김우영이 불법 양도한 재산을 무효 선언했다.

그런데 1949년 3월 6일, 김제 경찰서장 출신인 이성엽을 체포하자 김제군에 설치한 투서함들이 파괴되는 사건이 발생했다. 경찰서장이 체포되자 친일 경찰들이 반발한 것이다. 경찰 조직이 조직적으로 국회의 반민특위 활동에 저항한 셈이다.

친일파들의 '탄원' 활동도 확인되었다. 친일파는 지역 유지들을 동원해서 친일 거두로 알려진 홍종철과 소진문의 탄원서를 작성했다. 일제강점기 중추원 참의와 고창면장을 역임한 홍종철을 두고 비난은커녕 "일생을 개인적 사리보다는 공익을 위하여 노력한 인물"이라 하고, 소진문은 "과거 20여 년간 일제와 싸운 애국자"라면서 탄원서를 제출한 것이다. 특히 주목되는 점은 탄원자들 상당수가 학우회라는 사적 조직으로 결합되어 있었다는 것이다. 이들은 일제강점기부터 학연, 지연으로 결탁되어 지역 사회를 장악하고 해방 이후에도 재차 결합되어 서로 보호하고 비호하였다.

전라북도 조사부는 친일파 청산에 매우 적극적인 지역 중 하나였다. 친일 거두 홍종철에 대해서도 일제강점기 교육 활동은 "일본 식민지 교육 정책을 전파"한 것이고, "재력과 권력으로 민중에 거만하게 했다"고 평가했다. 당연한 평가 방식이지만, 지역 사회의 핵심 세력을 이렇게 명확하게 평가한 경우가 그리 많지 않다. 소진문에 대해서도 세평이 "불량하다"고 지적했다. 더욱 주목되는 것은 이런 평가서가 모두 1949년 8월에 작성되었다는 사실이다. 1949년 6월 반민특위 습격 사건 이후 대부분의 지역이 사건을 종료하거나 석방 시키기 위해 친일파들을 좋게 평가했지만, 전라북도 조사부는 지역을 장악한 지역 유지라 하더라도 반민특위가 와해될 때까지 석방을 위한 평가서 작성은 끝내 하지 않았다.

경상도 지역 조사

경상남도 조사부(위원장 감홍열)는 도 조사부 중에서 가장 빠른 1949년 1월 20일부터 활동을 시작했다. 처음에는 경남도청 회의실을 사용하다가, 고려신학교 자리로 이전했다. 이후 다시 대관동 2가 7번지 일본 헌병 막사를 사용했다.

경남 지역은 일찍부터 친일파 청산 열기가 고조된 지역 가운데 하나였다. 조소앙이 이끌던 사회당 경상남도 지역당에서는 1949년 1월 22일 반민특위 활동을 지원하기 위해 '도당 조사부'를 자체적으로 설치했고, 2월 22일에는 반민탐정사 경남 조사부가 결성되어 친일파 조사를 진행했다. 그뿐만 아니라 경남 지역 정당 사회단체들은 반민특위 경남 조사부의 활동을 지원하고자 '친일파 성토를 위한 도민 대회'를 준비하기도 했다. 이런 분위기 속에서 경남 조사부는 친일파 청산에 적극적일 수밖에 없었다. 이승만 대통령이 반민법 개정을 주장하자, 경남 조사부 김지홍 국장은 "반민법 제5조

해당자는 공직에 있을 수 없다"며, 경상도 지역에서나마 더 강력한 조사를 시사하기도 했다.

반면 경남 지역은 친일파들의 저항도 컸던 지역 중 하나였다. 경남 지역의 대표적 친일 경찰이었던 노기주는 일본 경찰이 조선 통치를 잘할 수 있도록 조선말을 해독하는 책을 써서 일본 경찰에게 제공해 주기도 하고, 경남 지역에서 보안과장으로 재직하면서 각종 모임에 참석해 황민화와 전쟁 필승 연설을 했던 인물이었다. 해방 후에도 경상남도 경찰부 차장을 거쳐 경상남도 경찰청장으로 승진하고, 패망하고 돌아간 일본인들의 재산(적산)을 관리하기 위해 사업체를 만들어 관리인으로 활동했다. 노기주는 일본군이 다시 돌아올 거라고 본 것이다. 또한 1949년 2월 22일 반민특위에 체포될 때 집에서 일본 훈장과 공로장이 대거 나와 언론에 보도되었는데, 해방 당시에도 일본 훈장을 자랑스럽게 전시하고 자랑할 만큼 뼛속까지 친일인 인물이었다. 그는 경상북도 국민회를 비롯한 자신의 막강한 지역 조직을 이용해서 "노기주는 친일파가 아니다"라는 연판장까지 돌리게 했다.

경남 지역 핵심 친일파 중 한 명이었던 김길창은 경상남도 노회(장로교 핵심 기구)를 동원해서 김길창이 "일제강점기 노회 대표가 된 것은 일반 회원들의 요구로 노회와 300여 교회를 대표하여 본의 아니게 한 행동"이라는 진정서를 제출하게 했다. 친일파들은 진정서뿐만 아니라 더 적극적인 물리력을 동원하기도 했다. 서로 결합해서 경상남도 조사부에 "너희들을 살려 둘 수 없다. 모두 죽일 것이다" 하는 협박장을 돌린 것이다.

이런 분위기 속에서 경남 조사부는 총 61건을 취급해서 체포 34건, 송치 50건을 처리했다. 경남 조사부에서 다룬 친일파들은 다른 지역과 같이 고등계 형사가 가장 많았지만, 대한제국기 군대 해산에 관여한 인물, 목사와 승려, 친일파 첩과 밀정, 일제강점기 대서업자처럼 타 지역에서 잘 드러나지 않는 친일 경력자들도 다루었다. 시기적으로는 반민특위 습격 사건 이후에도 조사가 계속된 점이 주목된다. 1949년 6월 말에 3명, 7월에 10명, 8월에 4명까지 반민특위 습격 사건 이후 17명을 체포했다. 서울이나 다른 지역이 습격과 외압에 매우 민감하게 반응하고, 급속히 위축되는 일반적인 경향과는 다른 양상을 보인 것이다.

또한 친일파들 평가서도 일반 경향과는 달랐다. 일제강점기 친일 목사 출신 김길창을 두고 "신사 참배에 불참하는 목사나 교인들을 일본 경찰과 함께 탄압했다"고 지적하고, 8월에 작성한 김상홍의 보고서에도 의식적 친일 분자로 "황민화운동 등 민족정신을 망각하고 일본 정책에 적극 협력했다"고 평가했다. 다른 조사부가 1949년 8월에는 석방을 전제로 해서 조사서를 적당히 작성했던 것과 차이가 있는데, 그만큼 경남 조사부가 친일파 청산에 매우 적극적인 지역 가운데 하나였음을 알 수 있다.

경상북도 조사부는 독립운동가 출신 정운일이 1949년 2월 12일 뒤늦게 위원장으로 선정되면서 조사부 업무가 추진되었다. 1949년 2월 25일부터 조직을 완비하고, 대구 동성로에 있는 구 소년심리

원을 도 조사부 사무실로 사용하며 본격 업무를 추진했다. 그리고 1949년 2월 말까지만 해도 100여 명 친일파들을 조사할 것이라면서 선정된 조사 대상자를 언론에 보도했다.

그러나 1949년 3월 일제강점기 중추원 참의 출신이었던 서병조와 김대우 같은 지역 내 거물급 친일파를 구속한 이후, 경상북도 조사부는 소강상태에 빠졌다. 이에 정운일 위원장은 6월 9일 조직을 재정비하고 조사관별로 담당 지역을 나누어 책임지고 조사하는 방식을 도입하기도 했지만 크게 효과는 없었다.

처음에는 독립운동가 출신 위원장이 선출되었다고 해서 조사부에 많은 기대를 했다. 그러나 경북 조사부는 1949년 3월까지는 타 지역보다 많은 친일파들을 체포했지만, 4월 이후는 체포 건수가 거의 확인되지 않았다. 자료가 없어 어떤 외압이 있었는지는 확인할 수 없지만, 1949년 4월 전후에 경북 조사부의 전반적인 분위기가 바뀐 것은 명확하다. 이런 분위기는 친일파 평가서에서도 확인된다. 영일군 의회 부위원장 출신으로 일제에 국방금을 헌납한 김두하에 대해 "자신의 영달을 도모하고 권리를 남용한 자"라고 하면서도, "산업과 교육 사업에 열중"한 인물이라고 평가했다. 반민특위 습격 사건 이전인 1949년 5월 25일에 작성된 평가서라는 점을 감안하면 소극적인 평가로 볼 수 있다. 그러나 김두하는 이후 《친일인명사전》에 친일파로 등재되었다.

반민특위 도 조사부는 전국 각 지역에 있는 친일파를 조사하는 조직이었다. 일부 지역은 적극적이었고 일부 지역은 소극적이었지만, 반민특위 습격 사건 이후 친일파 조사는 전반적으로 소강 국면에 들어갔다. 물론 현재 남아 있는 자료가 극히 제한되어서 이들 자료만으로 지방의 도 조사부를 평가하는 것은 많은 한계가 있다. 하지만 반민특위 습격 사건에는 지역 사회가 서울보다 더 민감하게 반응한 것으로 보인다. 특히 지방 사회는 거물급 친일파들이 지역 사회를 장악하고, 다양한 사람들을 조직적으로 동원해서 자신의 무죄를 조작했다. 지역 사회에서 권력이 크면 클수록 그들의 처벌은 쉽지 않았다. 적극적인 도 조사부도 예외는 아니었다. 지역 사회를 장악한 이른바 '지역 유지'들을 처벌하려면, 그만큼 특단의 조치가 필요하다는 사실을 새삼 다시 일깨워 준다. ◉

북한은 친일파 청산을 어떻게 했을까?

　일반적으로 북한에서는 친일파를 너무 가혹하게 처리했다고 알려져 있다. 그런데 정작 북한에서 친일파를 처리한 구체적인 사례를 확인해서 보여 주거나 남북한을 비교해서 말하는 경우는 거의 없다. 그렇다면 해방 뒤 북한에서는 과연 친일파 청산을 어떻게 했을까?

　1945년 8월 해방된 뒤, 북한 지역에서도 남한과 같이 새로운 국가를 건설하기 전에 일제 잔재를 청산해야 한다는 목소리가 높았다. 친일파를 처벌하고 일제식 통치 기구를 청산하는 것은 남한이나 북한이나 똑같은 과제였기 때문이다. 다만 북한은 초기에는 남한처럼 친일파 처벌법을 별도로 만들거나 특별위원회를 구성하여 친일파를 조사하거나 처벌하지는 않았다. 남북한이 처한 상황이 달랐기 때문이다.

　가장 큰 차이는 남북한에 주둔한 미국과 소련, 곧 미군정과 소군정의 정책 차이였다. 1945년 8월 15일 일제가 패망하자 일본군의 무장 해제와 철수, 남북한의 치안 유지 등을 목적으로 38선을 경계로 남북한에 각각 미군정과 소군정이 설치되었다. 남한에 주둔한 미군이 미군정의 행정 업무 처리에 과거 행정 경험이 많은 친일파를 활용하려 했다면, 북한에 주둔한 소련군은 "북한 지역에 일본 침략주의의 잔재를 근절시킨다"는 〈성명서〉를 발표하고, 친일파들을 북한 지역의 행정 업무에서 완전히 배제시켰다. 실제로 소군정은 친일파 척결을 기본 방침으로 정했다. 미군정과 소군정은 친일파 정책이 처음부터 명확히 달랐던 것이다.

소련군은 친일파 배제 원칙에 따라 자연스럽게 친일파들을 행정 관료부터 모든 국가 기관에서 배제했다. 그리고 친일파를 처벌해야 한다는 기본 입장에도 찬성하는지라, 북한이 자발적으로 친일파를 처벌하는 것도 묵인했다.

해방 직후 남북한에는 치안 유지를 위해 지역별로 자발적인 자치 기구가 만들어졌는데, 흔히 '인민위원회'로 알려진 이 조직이 남북한에 모두 설치되었다. 일제강점기 독립운동가나 민족운동가들이 중심이 되어 만든 조직이었다. 남한에서는 미군정이 이 자치 기구를 인정하지 않고 별도로 관료를 뽑아 통치하려 했다면, 북한에서는 소련군이 이 자치 기구를 인정하고 한국민이 치안과 행정 업무를 담당하도록 지원한 것이다.

그러다 보니 북한에서는 친일파나 민족 반역자 처벌도 인민위원회를 중심으로 자발적으로 이루어졌다. 현재 문헌으로 확인되는 것은 1945년 9월 강원도 고성에서 민족 반역자 11명을 인민재판을 해서 사형 언도를 내렸다는 사례가 있다. 또한 강원도 양양에서도 민족 반역자 3명이 인민재판에 회부되어 5년과 3년 교화 형을 내렸다고 한다.

여기서 정식 재판이 아닌 인민재판의 과정을 거친 것이 눈에 띄는데, 사실 중국이나 프랑스에서도 전쟁 중이나 전후 정식 재판소가 설치되기 전에는 비슷한 형태의 자발적인 시민 재판이 있었다. '전쟁 중' 또는 '종전 직후'라는 특수성이 감안된 것이다. 중국과 프랑스는 시급하게 전쟁 협력자들을 처벌하는 것이 중요하다고 보고, 점령 지역별로 인민재판 방식, 또는 시민들 중심의 재판 방식이 추진되었는데 당시로는 전혀 이상할 것이 없는 매우 일반적 방식이었다. 전범자들을 이미 확인했는데 처벌 규정과 법이 제정되고 특별재판소가 만들어질 때까지 무작정 기다리면 이들이 도망가거나 범죄를 조작할 수도 있다고 보았기 때문이다.

사실 해방되던 1945년 당시까지만 해도, 일제의 수탈과 착취가 며칠 전까지 있었던 일이기 때문에 남한이든 북한이든 지역 사회에서 누가 친일 행위를 했고, 누가 독립운동을 했는지를 아는 것은 어려운 일이 아니었다. 복잡한 이른바 '증거주의'에 입각한 논쟁이 필요 없었다. 지역 사람들의 증언만으로도 충분히 처벌이 가능했기 때문이다.

이렇듯 북한에 주둔한 소군정은 친일파 처벌과 배제를 기본 정책으로 삼았다. 그리고 자치 기구인 인민위원회에서 친일파들을 실제 처벌하기도 했다. 그러다가 친일파 규정이 만들어지면서, 통일된 원칙으로 친일파를 처벌하기 시작한다.

북한에서 친일파와 관련된 규정이 처음으로 등장한 것은 1945년 9월 조선 공산당 평안남도 위원회에서였다. 이 대회는 북한에 있는 사회주의자 대표들이 모인 최초의 대회로, 여기서 일본 제국주의와 친일파들이 소유했던 공장과 광산, 그리고 토지도 몰수하여 국유로 한다고 결정했다. 대한민국 임시정부도 이미 친일파들의 재산 몰수를 강령으로 채택해서, 친일파 재산 몰수는 당시 남북한 정치 세력들의 일반 정책이었다.

이 대회에서는 부득이하게 친일 행위를 한 자를 구제할 수 있는 방법도 제시했다. 즉 부득이하게 친일 행위를 했더라도 인근 주민, 또는 소작인이 본의가 아님을 증명하면 처벌에서 제외시킬 수 있다고 명문화한 것이다. 남한의 '가감형'과 비슷한 것으로 남한은 "개전의 정이 현저한 자"는 처벌을 제외한다고 했는데, 북한은 인근 주민, 또는 소작인이 증명하면 처벌을 제외한다고 했다.

사실 우리가 아는 것과는 달리 북한에서는 가감형을 더 포괄적으로 적용했다. 규정으로만 봐도 남한은 막연히 "개전의 정이 현저한 자"를 제외시킬 수 있다고 해서 추상적인 '개전'을 증명해야 했지만, 북한은 주변 사람들의 증언만 있어도 모두 면죄시켜 주었다. 사실 주변의 증언은 쉽게 조작될 수도 있었다. 그런데도 주변의 증언이나 탄원만 있으면 모두 석방시킨 것이다.

절차로만 보면 분명 북한이 가감형을 포괄적으로 운영한 것은 맞다. 북한은 이후 다양한 가감형을 적용시켜 친일 경력자들을 상당수 구제했다. 북한이 이렇듯 가감형을 광범위하게 적용시킨 것은 이 규정을 근거로 북한식 사회주의 국가 건설에 필요한 다양한 인력을 구제해서 활용하려는 의도도 있었기 때문이다.

이런 경향은 북한에서 친일파의 범위, 기준을 정하는 과정에서도 쉽게 확인된다. 북한에서 친일파의 범위를 본격적으로 규정하기 시작한 것은 1946년으로, 1946년 9월 5일 인민위원회 선거를 준비하면서부터이다. "조선 총독부의 중추원 참의와 고문, 도회의원 출신, 조선 총독부 및 도청의 책임자, 일제강점기 경찰·검사국·재판소 등의 책임자, 자발적으로 일본 주권에 군수품 생산 등을 제공한 자, 친일 단체의 지도자로서 활동을 한 자"들을 친일파로 규정한 것이다. 기본적으로는 남한과 비슷하지만, 남한보다 친일파의 범위를 매우 한정적으로 규정했다고 볼 수 있다.

이를테면 북한은 친일 단체의 '책임자'만을 친일파로 규정한 반면, 우리는 친일 단체 책임자뿐만 아니라 '관계자', 또는 하급 관료라도 '악질적'인 사람은 포함시켰다. 규정만 봐도 남한이 북한보다 더 광범위하게 친일파 범위를 규정했는데, 이는 남한이 친일파 처벌을 더 광범위하게 하려 했다는 의미로 보인다. 물론 이후 북한도 친일파의 범위가 일부 바뀌지만, 어쨌든 남한보다 더 협소하게 정한 것은 분명한 사실이다.

문제는 우리는 규정만 광범위하게 잡았을 뿐 실제 처벌은 단 한 건도 하지 않았다면, 북한은 친일파의 범위는 극히 제한적으로 잡았지만 실제로 친일파 처벌을 했다는 점이다. 특히 북한의 친일파 처벌은 신체형도 있지만 대다수가 선거권, 피선거권 제한 같은 것이었다. 북한은 1946년 선거에서부터 575명 친일파들의 선거권을 실제 박탈했다.

곧 친일파의 범위나 처벌 규정, 구제책 들을 보면 북한이 남한보다 오히려 유연했다. 그런데도 북한이 남한보다 더 강력하게 친일파를 처벌했다고 느끼는 것은, 남한은 친일파 청산을 선언만 했을 뿐 실제로는 단 1명도 처벌하지 않았다면, 북한은 처벌 규정은 매우 유연했지만 실제로 친일파를 처벌했다는 점에서 차이가 있기 때문이다.

그런데 친일파의 범위를 좁게 잡은 북한이 '검찰'이나 '판사' 같은 법조계 친일파 처벌만은 강력하게 규정했다는 점이 눈에 띈다. 1948년 9월 북한 헌법을 만들면서 북한은 친일분자의 재산은 국유로 한다고 명문화하고, 특히 제85조에 일제강점기 '판검사'로 근무한 자는 이후 북한 사회에서 '판검사'가 될 수 없다고 헌법에까지 포함시켰다. 미군정은 일제강점기 판검사 경험이 있는 사람을 판검사로 다시 활용하고 이들이 대한민국 헌법과 각종 법률을 만들어 이후 한국 사회 법조계의 중추 세력이 되었다면, 북한에서는 아예 원천적으로 일제강점기 판검사가 다시 판검사를 할 수 없도록 한 것이다. 이 원칙을 단순 법률뿐만 아니라 헌법에까지 명시했다는 점이 주목된다.

지금 대한민국 사회에서 가장 큰 비리 집단 가운데 하나가 법조계다. 우리가 흔히 '법조 비리'라고 하는 이것은, 일제강점기 법조계 활동 경력을 이용해서 해방 직후 대한민국의 법조계를 장악하고, 그 뒤 권위주의 정권에서 각종 조작 사건까지 만들면서 한국 사회를 공안 사회로 만들었던 그들이, 현재까지도 한국 사회 구석구석을 장악해서 다양한 비리를 저지르는 경우를 일컫는다. 이들은 법조계만 아니라 정계, 재계와도 결탁해서 한국 사회를 병들게 하는 경우가 너무도 많았다. 법이라는 공권력을 이용해서 민주 인사를 반국가적 행위자, 간첩으로 몰기도 하고, 반대로 죄가 있는 기업인들이나 정치권 인사들은 눈을 감아 주거나 형식적인 법 집행만 하는 등 주기적으로 논란을 일으켰다. 법이 모든 사람에게 공정한 것이 아니라 그들에게 '만' 공정했던 것이다.

사실 우리 역사에서 법조계는 공정과는 너무도 거리가 멀었다. 어떤 의미에서 대한민국의 역사는 곧 법 기술자들에 의해 공정과 상식이 붕괴되는 과정이기도 했다. 그런데 이런 경향을 예측이라도 한 듯이 북한이 1948년 별도의 헌법 조문까지 만들어 일제강점기 판검사 경력자는 이후 판검사가 될 수 없다고 명문화한 것이다. 이는 해방 이후 법조계의 친일 문제를 제대로 거론조차 해 본 적 없고, 단 한 번도 법조계를 단죄해 본 적도 없는 우리 사회에 시사하는 바가 매우 크다.

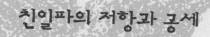

친일파의 저항과 공세

해방이 되었지만 남한 사회는 여전히 친일파와 '전쟁' 중이었다. 친일파들은 국회의원
이든 누구든, 자신들을 처벌하려는 사람과 집단은 앞뒤 가리지 않고 저격하고 암살하려
하였다. 정부는 수립되었지만 국민들 눈에는 여전히 해방된 조국이 아니었다.

'삐라' 살포 사건

이승만 대통령과 친일파 비호 세력은 반민법이 제정된 직후부터 반민특위가 와해될 때까지 반민특위 활동을 방해하기 위해 다양한 공작 활동을 지속적으로 추진했다. 이들 친일파가 했던 공작 활동들을 사례별로 몇 가지 살펴보고자 한다.

우선 '삐라' 살포 사건이다. 반민법은 1948년 가결되어 우여곡절 끝에 9월 22일 공포되었다. 당시 신문이나 시민 단체는 친일파 처단을 통해 민족정기를 회복하기 바란다는 성명서를 곳곳에서 발표했다. 해방 직후에는 기회를 놓쳤지만 이번에는 반드시 친일파를 처단해서 제대로 된 국가의 틀을 만들어야 한다고 본 것으로, 이번이 그 마지막 기회라는 인식이 지배적이었다. 그런데 반민법이 제정되자 반대편에서 친일파 청산을 반대하는 활동이 조직적으로 움직이기 시작했다. 반민법이 본격적으로 논의되던 1948년 8월 26일,

국회의원들이 머물던 숙소와 시내 각처에서 실체도 확인되지 않는 '행동위원'이라는 명의로 삐라가 곳곳에 뿌려졌다. 삐라 내용을 보면 누가, 어떤 이유로 반대했는지가 분명히 드러난다.

> 첫째, (이승만) 대통령은 민족의 성스러운 존재다. 절대 순응해야 한다.
> 둘째, 민족을 분열시키는 반민법을 철회하라.
> 셋째, 민족 처단을 주장하는 놈은 공산당의 개다.
> 넷째, 국민은 여기에 속지 말고 가면을 쓴 국회의원들을 타도하자.
> 다섯째, 국민들의 뜻을 저버린 국회의원은 자멸하라.
>
> 《제헌국회속기록》, 1948년 8월 26일

삐라는 첫 문장을 "이승만 대통령은 민족의 신성이다. 절대로 순응해야 한다"고 시작하고 있다. 당시 이승만은 친일파 청산을 적극 반대했다. 흥미로운 것은 최근까지도 일부 국회의원들이 친일파 청산을 "민족을 분열시키는 행위"라고 주장했는데, 이 주장이 1948년 위 삐라에서도 똑같이 나왔다는 사실이다. 시간이 흘렀지만 역사는 조금도 바뀌지 않은 것이다.

게다가 삐라는 친일파 청산을 주장하는 사람을 공산주의자라고 하면서, 친일파 문제를 '이념' 문제로 바꾸려 한다. 그리고 이것이 "국민의 뜻"이라는데, 최근까지도 특권층에서 많이 하는 '국민' 팔기가 이때부터 이미 시작된 것이다. 누구나 죄를 지면 부끄러워하고 미안해하는 게 정상이지만, 친일파는 반성은 고사하고 오히려 가증스럽고 뻔뻔하게 상대방을 공격한다. 심지어 자기들이 국민들 뜻과 같다고 조작하는 점이 무섭기까지 하다.

삐라 살포는 8월 25일에도 있었다. 시내 곳곳에 "친일파, 민족 반역자를 처단하자고 말하는 자는 공산당이다", "친일파 처단법을 만들자고 주장하는 국회의원들을 국회에서 몰아내자"는 삐라가 뿌려졌다. 당시 분위기를 두고 임시정부 기관지 〈독립신보〉에서는 "친일파들이 발악(1948년 8월 27일)"하는 상황이라고 보도했다. 진짜 "발악"하고 있었다.

그런데 이런 일련의 삐라 살포 사건은 8월 27일 국회 안에서도 발생했다. 소장파 의원 김인식이 이승만 대통령이 친일 혐의가 있는 유진오를 법제처장으로 임명한 것을 문제 삼아 비판하자, 방청객 2명이 "국회에서 친일파 처단을 주장하는 자들은 빨갱이다"라는 삐라를 살포한 것이다. 문제는 이 두 방청객 이신태와 차량보가 그 자리에서 체포되어 내무부 경찰청에 넘겨졌지만, 경찰청이 9월 6일 곧바로 무죄 석방시켰다는 것이다. 이 문제로 국회에서 논란이 일어나자, 내무부 장관은 삐라를 살포한 2명이 "과거 전과가 없고 죄도 경미"해서 석방했다고 한다. 소장파 의원들은 "현행범을 무죄 석방한" 내무부에 항의서를 제출하고, 본 사건에 배후가 있다고 보고 배후 관계를 규명하려 했다.

그런데 현행범을 석방시킨 내무부 장관은 친일파 윤치영이었고, 당시 내무부는 반민법 제정을 반대했던 핵심 기구였다. 내무부 핵심 조직인 경찰도 친일파들이 대거 포진해 있어 국민들의 원성이 많았다. 결국 수차례 조직적으로 발생한 이 '삐라' 살포 사건이 내무부에 의해 계획적으로 자행되었다고 단정할 수는 없어도, 적어도 내무부가 이 사건을 묵인하거나 방조했다는 사실은 부정할 수 없다. 독일은 전범 행위를 묵인하거나 방조한 경우라도 전범자와 동일하게 처벌했지만, 우리는 그러기는커녕 법을 집행하는 정부 기관이 공개적으로 전범에 공조하고 있었던 것이다.

반공 대회와 반민법 개정

친일파 처벌을 위한 '반민족행위 처벌법', 곧 반민법은 1948년 9월 23일 공포되었다. 그런데 같은 날 서울운동장에서는 내무부가 주관하는 반공 시민대회가 개최되었다. 이 대회는 형식상 반공 대회였지만 실상은 '반민법 반대 시민대회'였다. 이 대회가 개최되기 열흘 전부터 극우 신문인 《대한일보》는 반민법은 망민법이라면서 수차례 기획 보도를 연재했고, 대회 당일에도 서울운동장 곳곳에는 지난번과 비슷한 내용의 삐라가 살포되었다.

특히 9월 23일 뿌려진 삐라에는 "국회에서 통과한 반민법은 반장이나 통장뿐 아니라 모든 국민들을 잡아넣는 망민법이다", "민족을 분열시키는 법률을 만든 것은 국회 안에 있는 공산당 프락치들의 소행이다", "국회 내의 김일성 앞잡이를 숙청해야 한다" 같은 내용이 들어 있었다. 이 반공 시민대회에서 "동족 간을 분열시키는 반민법을 시정하고, 공산주의자를 소탕해야 한다"는 〈반민법 반대 결의서〉가 낭독되기도 했다.

9월 23일 서울운동장의 반공 대회에 대해 윤치영은 애국적인 대회여서 대회 개최를 "허락"했다고 한다. 심지어 이 대회에서 이승만의 축사가 낭독되었고, 이범석 국무총리가 직접 참석하기도 했다. 밀정 이종형과 친일 문제로 사퇴한 임영신 상공부 장관 같은 정부 관료들도 참석했다. 윤치영은 방송을 통해 이 대회가 "해방 이후 처음 보는 애국적 대회"라고 극구 찬양까지 했다.

그러나 1948년 9월 24일, 국회는 이 대회가 국회를 공산당의 앞잡이라고 모독하고 반민법을 반대하기 위한 대회라고 규정했다. 애국 청년 단체들과 시민 단체들도 이 대회의 근본 목적은 "반공도 아니고, 반민법 철회였다"면서 국회 진상 조사를 촉구하였다.

실제로 반공 시민대회는 소장파 의원들이 주장한 것처럼 "경찰관과 동장들이 집집마다 돌아다니면서 오늘은 국기를 꽂아라, 오늘 (서울)운동장에 나오지 않으면 빨갱이다, 좌익이다, 공산당이다, 곡물 등 배급 통장을 뺏는다"는 협박을 하면서 시민들을 강제 동원한 대회였다. 이 시민 동원에 대해 소장파 김웅진 의원은 "마치 일제가 36년 동안 한 것과 똑같은 방법으로 시민들을 강제 동원한 대회였다. 이승만 정부가 어떤 음모가 있는 듯하다"고 평가했다.

조헌영 의원은 일제 때 매월 8일 시행된 '대조봉대일(大詔奉戴日)'의 재판이라고 비판했다. 대조봉대일은 1941년 12월 8일 일본 황제가 미국에 선전 포고한 날을 기념하는 날로, 매월 8일을 애국일이라고 칭하고 조선 사람들을 총동원해서 일본 황제에게 충성을 맹세하는 날이었다.

이런 관변 단체들은 대부분 일제강점기 밀정이나 경찰 출신들이 만든 조직으로, 이들 조직은 주로 이승만 대통령의 정치적 지원 세력이 되었다. 관변 단체와 정치권의 결합이 시작된 것이다. 그리고 이들은 왜곡된 '여론'을 만들기 시작했다.

이승만 정부는 대외적으로는 반민법 반대 시민대회를 지원하는 한편, 내부적으로는 반민법을 개정하려고 준비했다. 국회에서 절대다수로 통과된 반민법을 시행하기도 전에 개정하겠다는 것이다. 이 방침은 이승만의 강한 의지로 시작되었다. 1949년도 국무회의에 의하면, 국무회의에서 반민법 개정을 논의한 건수는 총 15회다. 반민특위가 와해되는 8월 말까지 국무회의는 총 80회 개최되는데, 이 가운데 15회나 반민법 개정 작업을 논의한 것이다. 당시 이승만 정부의 최대 현안이 무엇인지 알 수 있는 대목이다.

국무회의에서 반민법 개정 필요성을 가장 먼저 논의한 때는 1949년 1월 12일이다. 그리고 1949년 2월, 이승만은 국민들에게 담화를 발표했다. 담화에서 이승만은 반민법 개정 필요성에 대해 첫째, 반민법은 입법권, 행정권, 사법권을 분리한 '삼권 분립'이라는 헌법 정신에 위배된다는 것을 들었다. 따라서 반민특위에서 친일파를 조사해 정부에 넘기면 정부에서 친일파를 처리하겠다고 했다. 반민특위는 조사만 하고 처벌은 정부가 하겠다는 것인데, 애초에 국회에서 특별검찰부와 특별재판부, 특별경찰대까지 반민특위에 둔 것은 당시 법률 전문가들이 대부분 친일 경력자였기 때문이었다. 친일 집단에게 친일파 청산을 맡길 수는 없었다.

또한 정부의 친일파 청산 의지를 믿을 수 없다는 우려도 있었다. 친일파를 조사해서 검찰청에 넘겨도 정부에서 기소를 안 할 수 있다고 본 것이다. 오히려 정부는 친일파 청산을 방해하거나, 친일파 자체 조사를 요청해도 처벌은 고사하고 조사도 안 하고 있었다. 심지어 모든 공직자는 처벌하지 않겠다고 정부 방침까지 정해서 공무원들에게 시행하기도 했다. 이런 상황에서 반민특위가 조사한 친일파를 정부에 넘기라는 것은 친일파를 처벌하지 않겠다는 이승만 정부의 꼼수일 뿐이었다.

둘째, 이승만 대통령은 조사의 '비밀주의'를 제안했다. 친일파를 비밀리에 조사하여 비밀리에 검찰에 넘겨 재판에 회부하자는 것이다. 겉으로는 인권을 생각한 것처럼 보였지만 실제는 그렇지 않았다. 비밀 조사 과정에서 공작을 하기도 쉬웠고, 조사 활동을 고립시키기 위한 것도 있었다. 민족을 팔아먹고 독립운동가들을 고문하고 학살했던 친일파들 이름이 알려지고 망신을 당한들, 그것이 얼마나 대수롭다는 말인가. 독립운동가의 인권은 중요하지 않고 가해자인 친일파들 인권이 더 중요하단 말인가.

그래서 반민특위는 모든 사항에 '공개주의'를 채택했다. 단순히 국민 교육뿐만 아니라, 국민적 심판을 하기 위해서도 필요했고, 친일파 숙청에 국민들의 적극적인 지원을 끌어오기 위해서도 필요했다. 현재도 보수 세력과 소위 법 전문가들은 과거사 청산 시 인권을 이유로 비밀주의를 주장하는 경향이 있는데, 독일이나 프랑스는 재판 과정을 모두 보도하고 심지어 생중계까지 했다. 그렇다고 독일이나 프랑스가 인권이 없는 나라라고 비판하는 사람은 한 명도 없다. 그런데도 일부 세력은 인권 문제까지 선택적으로 악용하고 있는 것이다. 그러나 이 문제는 인권의 문제가 아니다. 과거사 청산의 문제이고, 민족정기를 세우느냐 마느냐의 문제이다.

셋째, 이승만은 치안 문제를 이유로 경찰은 조사하지 말라고 요구했다. 나라를 전복시키는 공산주의자들이 전국 곳곳에 있어서 대한민국이 위태로운데, 이런 시기에 경찰들의 소위 '치안 기술'이 필요하다는 이유에서였다. 여기서 '치안 기술'은 독립군을 찾아내 체포하고 고문해서 독립군 관계자들을 더 많이 체포하는 그런 기술이었다. 결국 수족이었던 경찰 조직을 어떻게든 건들지 못하게 하려는 것이니, 국민들로서는 이해할 수 없는 상황이었다.

이승만 담화를 두고 국회에서도 보수파 의원들과 소장파 의원들 간에 격론이 이어졌다. 소장파 의원들은 "대통령이 민족정기에 어긋나는 행동을 하고 있다", "독재 정치와 독선 정치의 표본"이라고 평가했다. 김병로 대법원장도 반민법이 헌법 정신에 위배되느냐 안 되느냐는 사법부에서 판단할 일이라면서, 반민법이 특별법으로 존속하는 한 반민특위 활동은 불법이 아니라고 했다. 따라서 이것은 이승만이 친일파를 처벌하지 않겠다는 말이라고 평가했다.

김상덕 반민특위 위원장은 이 담화에 대해 첫째, 반민법은 헌법

제101조의 규정에 의해 만들어진 특별법으로 이를 무시하는 대통령의 행위는 헌법을 무시하고 삼권을 독점하려는 의도라면서, 대통령이 반민법 운영을 방해하는 행위를 한다고 반박했다. 둘째, 치안에 중대한 영향을 준다는 것도 "우리나라 치안을 친일파가 담당해야만 하는가. 제주 4·3 사건, 여순 사건 등등이 친일파를 처단해서 발생한 것인가?"라고 반문했다. 셋째, 일부에서 반민특위 조사관들이 친일파들을 잡아다가 구타했다고 하는데, 백 보 양보해서 "과거 수십 년 동안 독립군을 살해하고 애국자를 고문하여 투옥시키던 악질 반역자를 약간 고문했다고 한들, 이것이 얼마나 큰 실수인가"라고 일일이 비판했다.

백범 김구도 "독립운동가들은 친일파를 단호하게 처단하려는 반민특위의 활동을 지지한다"며, 반민법 개정안은 친일파를 청산하려는 활동을 "방해하려는 행위"라고 규정했다. 실제로 당시 반민법 개정안은 단순히 법리 해석의 문제, 삼권 분립 여부의 문제가 아니었다. 처음부터 반민특위를 무력화시켜 와해시키겠다는 이승만 정부의 핵심 정책이었던 것이다.

반민법 개정안은 국회의 반대로 결국 반영되지 못했지만, 1949년 6월 국회 프락치 사건, 반민특위 습격 사건 같은 일련의 사건 속에서, 반민특위의 활동 기간을 단축하는 안으로 바뀌어서 다시 제기되었다. 그리고 1949년 10월 4일, 결국 반민법 개정안이 최종 통과되어 반민특위 특별검찰부와 특별재판부의 업무는 대검찰청과 대법원으로 넘어갔다.

반민특위 요인암살음모 사건

반민특위 활동을 방해하는 공작에는 삐라 살포 사건이나 반민법 개정 같은 방법뿐만 아니라, 반민특위 요인 테러와 암살 같은 직접적인 방법이 동원되기도 했다. 대표적인 사례가 '반민특위 요인암살음모 사건'이다. 반민특위 요인암살음모 사건은 1948년 말부터 준비가 시작되었지만, 1949년 초에 발각돼 1950년 4월 대법원의 최종 판결이 난 사건이다.

1950년 4월 18일 대법원 판결문에는 노덕술(수도 경찰청 총감), 최난수(서울시 경찰청 수사과장), 홍택희(서울시 경찰청 수사부과장), 박경림(중부 경찰서장) 4명이 테러 전문가 백민태를 고용해서 반민특위 요인을 암살하려는 사건의 전말이 나온다. 먼저 친일파 처벌에 강경했던 김웅진 의원, 김장렬 의원, 그리고 내무부 장관 윤치영을 비판한 노일환 의원 3인을 납치해서 "나는 남한에서 국회의원 노릇 하는 것보다 북한에 가서 살기를 원한다"는 내용의 성명서 3부를 작성하게 한다. 그 뒤 대통령, 국회, 신문사에 각각 성명서를 보내고 삼팔선 가는 길에 의원들을 죽여 애국 청년이 공산주의자를 살해하는 것처럼 위장한다. 마치 월북자를 저격한 것처럼 꾸미는 것이다. 당시에는 월북자나 공산주의자를 저격하는 것이 범죄가 아니라 애국행위였다. 소장파나 반민특위 요인들을 공산주의자로 몰면서 동시에 이들을 합법적으로 암살한다는 계획이었다.

암살 대상자는 이들 말고도 김병로(반민특위 특별재판부장), 권승렬(반민특위 특별검찰부장), 김상덕(반민특위 위원장), 김상돈(반민특위 부위원장), 소장파 반민특위 특별재판관(오택관, 최국현, 홍순옥), 특별검찰관(서용길, 곽상훈, 서성달), 그리고 이청천 같은 청년 단체 대표와 신익희 국회의장이 포함되었다. 국회의장부터 대법원장, 국회의원을 암살하겠다는 발상 자체가 상식적이지 않지만 그만큼 친일파들이 다급했다는 것을 반영하고 있다 하겠다.

당시 최난수, 홍택희는 백민태에게 납치와 살인을 지시하고 범행에 필요한 자금 30만 원을 제공했다. 그런데 최난수 수사과장이 백민태에게 준 돈은 반민특위 1호로 구속된 박흥식 명의의 수표였다. 더 나아가 서울시 경찰청 수사과장실에서 살해용 권총 1정과 수류탄 5개를 백민태에게 제공했다. 백민태는 1949년 1월 8일과 9일 사이 사건을 자행할 계획이었다. 그러나 뒤늦게 평소 존경하던 조헌영 의원도 암살 대상에 포함된 것을 알고 조헌영에게 사건을 제보함으로써 이 사건이 세상에 알려졌던 것이다.

이에 1949년 2월 12일 노덕술, 최난수 등은 기소되어 징역 4년 구형을 받고 1949년 3월 28일 첫 공판이 시작되었다. 그러나 노덕술, 박경림은 증거 불충분으로 무죄 판결을 받았고, 최난수와 홍택희는 살인 예비 혐의는 있으나 백민태가 범죄 행위를 하지 않았기 때문에 교사죄가 성립되지 않는다고 판결해 모두 무죄가 되었다. 살인이 일어나지 않았으니 교사죄도 성립되지 않는다는 황당한 판결이 나온 것이다.

재판 과정과 사건 배후도 주목된다. 당시 백민태의 증언을 살펴보면, 이 사건은 처음부터 노덕술에 의해 추진되었다. 백민태는

1948년 10월 노덕술 소개로 최난수와 홍택희를 만났고, 11월 중순 노덕술은 재차 백민태에게 "최난수, 홍택희는 믿을 만한 사람들이니 서로 협력해서 잘 처리하기 바란다"고 했다는 것이다. 그 뒤로도 수차례 노덕술을 만났는데, 노덕술은 "절대로 우리들(친일파)을 숙청할 수 없을 것이다. 만약 숙청한다면 남한은 대혼란이 있을 것"이라고 말했다 한다. 그리고 백민태가 국회의원 암살 계획서를 제시하자 "박경림을 통해 연락하라"고 지시했다.

곧 이 반민특위 요인암살음모 사건은 처음부터 내무부 경찰청의 대부 격인 노덕술이 중심인물이었다. 자금을 제공한 것이 박흥식이었던 점을 감안하면, 노덕술과 박흥식이 이 사건의 핵심 인물인 셈이다. 그런데도 법원은 백민태의 증언을 채택하지 않았다. 이에 대해 당시 주한 미국 대사는 이 사건을 이승만 정부와 국회의 첫 번째 갈등으로 보고하면서, "암살음모의 교사자는 노덕술"이었으나 이승만 정부는 노덕술을 해고하지 않고 도리어 법 집행자(판사)를 저지하려 했다고 지적하였다.

결국 이 사건 과정에는 이승만 정부가 깊게 개입되어 있었다. 정부 산하의 경찰 조직이 범행에 동원되었고, 법원은 최난수와 홍택희 선에서 사건을 축소했다. 대한민국 국회의장과 대법원장, 그리고 국회의원 10여 명을 암살하려는 사건을, 범인이 자백하고 구체적인 물증과 배후까지 확인되었지만 최종적으로 범죄 행위(암살)가 발생하지 않았다는 이유로 모두 무죄 석방한 것이다. 정상적인 법 집행이라고는 할 수 없는 일이 법률 전문가들과 정부 관료들에 의해 자행되었다.

여기서 또 짚고 넘어가야 할 것은 암살 사건을 정부 기관이 조작했다면, 이를 법적으로 뒷받침해 준 집단이 바로 법 기술자들이었다는 점이다. 이들이 결합되어서 암살 '사건'은 있었지만 죄를 지은 사람도, 처벌받는 사람도 없는 이상한 상태를 만들었다. 이런 것들이 그들이 말하는 소위 '법체계'였다. 그렇다면 결국 과거사 청산은 그 법체계 자체도 대상이 되어야 하지 않을까.

테러와 협박

반민특위 요인암살음모 사건이 실패한 후에도 다양한 방식으로 반민특위에 협박과 테러가 자행되었다. 1949년 2월 경상남도 조사부의 투서함에는 "너희들은 살려 둘 수 없다. 모조리 죽일 것이다. 경고한다"는 협박장이 날아왔다. 그리고 비슷한 암살 사건이 전국에서 일어나기 시작했다. 그중 하나가 1949년 3월 강원도 조사부 김우종 위원장을 암살하려 한 사건이다.

처음 이 사건은 반민특위 강원도 조사부 특경대원이었던 김영택의 단순한 총기 오발 사건으로 이해되었다. 그래서 김영택이 강원도부 김우종 위원장에게 총기를 발사했지만, 오발로 보고 사건을 종료하려 했다. 그런데 김우종을 암살하라는 1949년 3월 5일자 '지령문'이 발견되면서 이 사건이 치밀하게 계획된 음모 사건이었다는 사실이 뒤늦게 밝혀졌다. 지령문에는 "이번의 성공 여부로 김 동지(김영택 특경대원)의 일생이 좌우된다. 우선 선금을 보낸다. 목표 대상은 김우종 도 조사부 위원장과 특경대장으로 이 편지는 보고 난 후에는 소각하기 바란다"고 적혀 있었다.

강원도 조사부는 본격적인 조사에 들어갔다. 조사 결과 배후 조정자는 '강원도 거물 친일파'로 추정되었다. 독립운동가 출신 김우종이 유독 친일파 청산에 적극적이었던지라 친일파들이 김우종 위원장을 제거하려 했고, 가정 형편이 좋지 않은 특경대원을 매수해서 암살을 계획했다는 것이다. 김영택은 생활도 어렵고 당시 부모님의 병원비로 거액의 돈이 필요하다 보니 부득이 돈을 받고 위원장을 암살하려 한 것이다.

경찰은 총기 사건이 단순 오발일 뿐 '반민법 방해 행위(반민법 제7조)'가 아니라면서, 경찰에 이 사건을 이양할 것을 요구했다. 이에 경찰과 반민특위 사이에 대립이 오갔다. 강원도 조사부는 사건의 배후를 조사하려고 증인들을 불러 추적했지만, 1949년 6월 반민특위 습격 사건 후 공소 시효 만료에 따라 김영택은 보석으로 석방되고 결국 사건의 배후는 확인하지 못하고 종료되었다.

그 뒤에도 협박 사건은 계속되었다. 5월 30일과 6월 2일, 전라남도 조사부에는 "본인과 식구들의 생명을 아끼려면 2주일 내에 총퇴진하라. 만일 그러지 않으면 목숨을 뺏을 것이다"라는 '협박장'이 날아왔다. 6월 13일에는 김상돈 반민특위 부위원장을 비롯하여 김명동 반민특위 위원, 특별검찰부 노일환, 서용길 의원, 그리고 친일파 청산에 적극적이었던 소장파 의원들의 집에도 협박장이 날아왔다. "삼천만 민중을 대표하여 공산당의 앞잡이 국회의원에게 폭탄형을 내린다"는 내용이었다. 그리고 폭탄형 집행은 매일 1명씩, 오후 9시부터 노일환, 김상돈, 김명동, 강욱중, 이재형, 서용길 의원 순으로 집행하겠다는 것이다.

협박장뿐 아니라 투서함 파괴도 자행되었다. 전라북도 조사부에서는 3월 지역의 대표적 친일파였던 김제 경찰서장 이성엽을 체포한 직후, 김제군에 설치한 투서함이 파괴되는 사건이 발생했다. 그런데 이 사건은 다름 아닌 경찰이 자행했다. 김제 경찰서장이 체포되자 관할 경찰관들이 반발한 것이다. 4월에는 서울 명륜동에서 특별검찰관 서성달의 경호위원 김기택이 괴한에게 총을 맞는 사건이 발생했고, 전라남도 조사부의 경우 증인에 대한 협박 사건도 있었다. 국회 결의로 추진되던 친일파 조사마저도 실로 전쟁과 같은 분위기에서 이루어졌다.

그랬다. 해방이 되고 대한민국 정부가 수립되었지만, 남한 사회는 여전히 친일파와 '전쟁' 중이었다. 친일파들은 국회의원이든 누구든, 자신들을 처벌하려는 사람과 집단은 앞뒤 가리지 않고 저격하고 암살하려 하였다. 정부는 수립되었지만 국민들 눈에는 여전히 해방된 조국이 아니었다.

친일파와 그 비호 세력들은 암살음모와 테러, 협박 사건을 자행하면서, 다른 한편으로는 다양한 형태로 반민특위 관계자들에게 뇌물을 주거나 줄을 댔다. 친일파들로서는 다양한 비공식적 통로를 통해 돈을 쓰지 않는다면, 단순히 신체적인 처벌뿐만 아니라 재산 압류나 몰수형도 받을 것이기 때문에 반민특위 요인이든 누구든 '돈'을 쓰고 줄을 대려 한 것이다.

친일파들에게 매수나 줄타기, 청탁과 권력자들과의 유착은 일반적인 일이었다. 이런 행동은 반민특위에서도 똑같이 나왔고 현재 대한민국도 여전히 비슷하다. 일제 잔재가 청산되지 못한 결과, 현재까지도 잘못된 행태가 당연한 것으로 남아 우리 사회를 병들게 하고 있는 것이다.

예산은 줄이고 자료는 숨기고

이승만 정부는 반민특위 활동을 방해하고자 예산을 주지 않거나 자료를 제공하지 않는 등 할 수 있는 모든 방법을 동원했다. 반민특위가 1949년 예산으로 특별조사부 운영비 7,800만 원을 신청했지만, 실제로는 3,000만 원 정도만 배정했다. 반민특위 예산은 정부의 일상 예산이 아니라 '특별' 예산이었다. 특별 예산은 사업이 발생했기 때문에 우선 배정하는 예산으로, 기획예산처에서도 특별 예산이 미리 책정된 사실을 구체적으로 지적했으나 정부는 계속 방관하고 미루다가 대폭 축소된 예산을 배정한 것이다.

문제는 전체 예산액도 예산이지만 반민특위 '사업비'를 아예 배정하지 않았다는 사실이 더 컸다. 반민특위는 친일파를 조사하고 체포하는 것이 일이었다. 그런데 사업비를 책정하지 않았다는 것은 친일파를 조사하고 체포하는 데 소요되는 비용을 아예 책정하지 않았다는 뜻이다. 과거나 현재나 과거사 위원회는 의욕이 강한 일반 전문가 집단이 참여하고 있기 때문에 정부의 예산 책정 방식을 잘 이해하지 못하는 경우가 많다. 이런 상태에서 정부는 의도적으로 사업비를 미책정하는 경우가 종종 있었다. 반민특위 경우는 더 심했다. 친일파 조사가 목적인 조직에 친일파 조사 비용을 처음부터 책정하지 않은 것은 누가 봐도 부당한 조치였다.

결국 반민특위는 예산 부족으로 운영에 문제가 발생했다. 예산 항목과 달리 예산을 집행하는 경우가 일어난 것이다. 그러자 정부는 1949년 8월 예산 감사를 실시해서, 반민특위가 예산을 부당하게 사용했다면서 곧바로 언론에 대대적으로 보도했다. 반민특위의 '도덕성'을 흠집 내기에 들어간 것이다.

지금도 가끔 예산이 부족한 진보 시민 단체들이 효율적인 예산 집행을 한 것을 두고, 법과 규정이라는 잣대를 들이대 부당하다며 그들의 부도덕성을 부각시키는 경우가 많다. 그러면 그 단체의 활동은 급속히 위축되고는 한다. 이것은 예산을 항목별로 사용하지 못하는 전문성 부재나 인력 부재, 또는 예산 자체가 절대적으로 부족하기 때문에 발생한 부득이한 현상일 수 있었다. 그런데 친일파들의 암살음모 사건 등에서는 모든 예외를 다 인정하고 적당히 작동되었던 법이, 이럴 때는 매우 엄격하고 냉정하게 작동된다. 그리고 언론과 정부는 마치 기다렸다는 듯 준비된 계획처럼 부당한 예산 집행을 한 반민특위의 도덕성을 맹공격했다.

이승만과 정부 당국은 처음부터 예산 부족 상황을 잘 알고 있었다. 한 예로 반민특위에서 친일파들을 조사하고 체포하려면 당연히 차량이 필요했는데, 정부는 알고도 차량 예산을 아예 배정하지 않았다. 반민특위는 차량이 없는 상태로 조직을 운영해야 했다. 이승만은 그 점을 악용해서 앞서 노덕술 같은 친일파들을 석방시켜 주면 차량을 제공해 주겠다는 협상안으로도 사용했다. 때로는 감사원 감사를 통해 흠집 내기로 악용하기도 했다.

원래 감사원은 독립 기관으로 작동되어야 한다. 다른 무엇보다 정부 활동을 감시하고 지적하는 것이 감사원의 기본 기능이기 때문이다. 하지만 당시 감사원은 그러기는커녕 이승만 정부의 정책 방향을 그대로 받아서 반민특위를 공격할 근거를 제공했다. 감사원에도 법률 전문가들이 대거 들어가 정부를 '감시'하는 것이 아니라, 정부 정책을 '뒷받침'하는 역할을 한 것이다.

반민특위 방해 공작은 조사에 필요한 자료 요청을 거부하는 방식으로도 이루어졌다. 반민특위가 각 도청, 세무서, 군부대 들에 필요한 자료를 요청하면 관계 기관은 "침수", "분명치 않음", "군법상" 같은 이유로 자료 제공을 거부했다.

노기주의 사례를 보자. 1949년 5월 반민특위는 노기주의 재산 현황을 부산 세무소에 요청했다. 그러자 부산 세무소는 "부동산, 동산 등 본인 명의의 재산도 없고, 채권도 없다"고 답신을 보냈다. 노기주에게 재산이 한 푼도 없다고 한 것이다. 하지만 부산 세무소의 답신은 거짓말이었다. 겨우 한 달 전인 1949년 4월, 반민특위 공판 과정에서 노기주는 "동산과 부동산이 각각 100만 원씩, 총 200만 원가량이 있다"고 자백했다. 당사자는 재산이 있다고 했는데, 오히려 정부 당국이 재산이 없다고 반민특위에 통보한 것이다. 정부는 자료 제공을 거부했을 뿐만 아니라 사실 자체도 왜곡했다.

증인 요청의 경우도 비슷했다. 조선항공공업주식회사를 설립하여 일본에 비행기를 제공한 신용항의 경우, 반민특위에서 1949년 5월 19일 항공대원 김전택, 이정회 들의 출석을 국방부에 요청했다. 이들이 신용항과 함께 항공 사업을 같이 경영했기 때문이다. 그런데 국방부는 이들의 '훈련'을 이유로 증인 요청을 거부했다. 국회의 요청 사항을 단순히 대원 훈련을 이유로 거부한 것이다. 군과 세무서 같은 경우 국회 요구 등의 정치적 현안이 있을 때 소속 기관에서 스스로 단독으로 의사 결정을 하지 못한다는 사실을 감안하면, 이것은 명백히 정부 안에서 조율 과정을 거쳐 반민특위의 요청을 거부한 것으로 이해해야 한다.

정부의 비협조는 검찰청에서도 확인된다. 반민특위가 자료 요청을 해도, 검찰이 수사 중이라는 미명하에 관련 자료를 제공하지 않아서 논란이 되고는 했다. 당시 검찰청은 겉으로는 각 지청에 적극 지원해 주라고 지시했지만, 본인들이 친일 법조인 출신으로 비판받고 있던 상황에서 자료를 제공할 의지는 처음부터 없었다.

검찰의 태도는 최근까지도 전혀 바뀌지 않았다. 2019년 말 당시 검찰총장은 5·18 민주화운동이 가슴 아픈 사건이라고 말은 하면서도, 막상 관련 자료는 공개하지 않았다. 당시 대통령이 자료를 모두 모아 5·18 진실 규명을 해야 한다고 지시했지만, 검찰은 이들 자료는 비공개 대상이라며 정부 기관의 조사나 요구에도 응하지 않았다. 일어난 지 30년이 넘었지만, 여전히 진행 중인 사건이라 공개할 수 없다는 것이다. 이는 검찰총장까지 최종 보고된 사안이었다. 결국 대통령의 지시 사항을 검찰총장이 거부한 것이다.

그런데도 얼마 안 있다가 검찰은 5·18 민주화운동이 가슴 아픈 사건이라면서 진실 규명을 운운했다. 국민들을 앞에 두고 거리낌 없이 거짓말을 한 것이다. 이 얼마나 무서운 모습인가. 부끄러움이 전혀 없다. 검찰은 겉으로는 진상 규명을 말했지만, 실상 5·18의 진실 규명은 전혀 원치 않고 있었다.

이처럼 군, 세무서, 검찰, 내무부 같은 정부 기관은 반민특위가 필요한 자료를 요청하면 모두 거부하는 방식으로 반민특위 활동을 방해했다. 현재도 비슷하다. 현재도 과거사를 규명하는 각종 '과거사위원회'가 정부에 자료 제출을 요청할 경우, 거의 형식적으로 제공하거나 제공하지 않는 경우가 너무도 많다. 진실 규명은 자료를 찾는 것이 핵심이다. 증거 자료가 있어야 진실 규명이 되고 증거 자료가 없으면 법적으로 판명하기도 힘들어진다. 따라서 앞으로 여러 과거사를 제대로 규명하려면 먼저 정부의 자료 제공 절차에 치밀하게 규정을 만들고, 형식적인 자료 제공에 적극적으로 대응할 수 있는 법적 장치를 마련해 두어야 한다.

친일파가 애국자라고? ✎

　친일파들의 방해 공작은 법정에서도 자행되었다. 정부 고위층이 직접 증인으로 나와 친일파를 '애국자'로 둔갑시키는 경우는 당시 너무 흔한 일이었다.

　예를 들면, 1949년 7월 1일 이종현 당시 농림부 장관은 친일 경찰 노기주의 증인으로 나와, "몸은 비록 왜경일망정 민족정신은 생동하고 있다"며 노기주를 '애국자'로 둔갑시켰다. 노기주는 경찰로 있으면서 일본 경찰이 고문을 하려 할 때 저지했고, 일본 경찰인데도 조선어를 사용하는 등 민족정신이 강했다는 것이다. 그들에게 사실 여부는 중요하지 않았다. 주변 사람들의 이목도 중요하지 않았다. 해방된 지 얼마 지나지 않았기 때문에 주변 사람들은 모두 노기주가 어떤 사람인지를 너무도 잘 알고 있었지만, 그들의 시선도 전혀 고려하지 않았다. 오로지 거짓만 일삼을 뿐이었다.

　친일 경력자들을 옹호하기 위해 나온 증언자들도 다양했다. 친일파가 재력가이거나 권력자인 경우는 더욱 심했다. 고려대학교 설립자이자 동아일보 사장인 김성수의 동생 김연수의 경우, 제헌국회의 백관수 의원이 직접 나와 조선 총독부가 김연수를 만주국 총영사로 임명하려고 하자 김연수는 "거부"했으나, 조선 총독부가 강제로 임명한 것이라고 했다. 중추원 참의가 된 것도 김연수는 "모르는 사이"에 시킨 것이고, 관선 도회의원으로 임명된 것도 "강제 임명"이라고 부정했다. 일본 총독부가 도지사나 국회의원, 도의원 같은 고위직을 본인이 전혀 원하지도 않는데, 강제로 압박을 해서 시켰다는 것이다. 상식 수준을 벗어난 증언이었다. 문제는 이런 주장을 한 사람이 대한민국 국회의원이고, 유명 대학의 총장이고, 대학 교수, 언론사 사장들이라는 사실이었다.

김연수와 일본 유학 시절부터 알고 지내던 현상윤 당시 고려대학교 총장은 김연수가 "중앙학원(고려대학교 전신)의 건실한 발전에 적극적인 지원을 했고" 해방 이후 교육 사업, 건국 사업을 한 공헌이 있다고 증언했다. 해방 직후 대학이나 중고등학교 설립과 지원은 이처럼 친일 행위를 덮기 위한 '위장' 활동으로 많이 활용되고는 했다. 현상윤 고려대학교 총장만이 아니라, 1946년부터 국립 서울대학교 교수로 재직하면서 미군정청 교육부 고등 교육위원 출신이었던 김동일, 동아일보 사장 최두선도 김연수의 증인으로 나와 그의 무죄를 증명하려 했다.

최봉식 제헌국회 의원은 친일파 손영목의 증인으로 나와 손영목이 울산군수 시절 '한 면마다 한 학교'를 설립하자는 운동을 하고, 일본인 교장을 조선인 교장으로 교체했으며, "경상남도 재직 중에는 선정을 하였고, 강원도 재직 중에는 도민을 위하여 공출 제도를 반대했으며, 전라도 재직 중에는 창씨를 반대"하여 "일반이 다 애국자로 칭송"했다고 했다. 역시 친일파를 애국자로 둔갑시킨 것이다. 그들 말대로라면 일본은 공출과 창씨를 반대하고, 일본 정책을 반대한 애국자를 굳이 군수까지 시켰다는 뜻이다.

그들에게는 사실 여부가 중요하지 않았다. 증거주의라는 법체계를 악용해서 거짓된 증인들을 동원해서라도 그들이 친일 행위를 안

했다고 말해 주는 게 중요했다. 그것이 소위 대한민국 법체계였기 때문이다. 반대로 이를 처벌하려면, 반민특위 위원들은 증언이 거짓이라는 사실을 증명해야 되는데, 물증이 명확하지 않으면 결국 조작된 증언이 그들을 무죄로 만들었다. 이 과정에 소위 법 전문가, 법 기술자, 법무법인 들이 총동원되었다.

그 밖에도 1949년 4월 1일 연희대학교 총장 백낙준, 이화여자대학교 총장 김애마 등은 양주삼의 증인으로 나왔고, 이화여대 미술부 교수 장선희는 강락원의 처 오현주의 증인으로 나왔다. 서울 공과대 학장 이승기도 이문환의 증인과 김연수의 진정자로 나와 친일파를 독립운동가로 변호했다.

친일파 숙청을 저지하려는 가장 조직적인 법정 활동 가운데 하나가 '탄원'이다. 친일파들은 탄원서나 진정서를 통해 여론을 조작했다. 이때 탄원자들은 친일파가 돈과 권력으로 동원하거나, 일제강점기부터 학연이나 지연 따위로 결탁된 인물들이었다.

중추원 참의 출신 김원근은 소작인이나 학교 직원들을 총동원해서 자신을 "자비로운 사람", "위대한 인물"이라면서 거짓 탄원서를 쓰게 했다. 자신들을 청주시에서 김원근의 토지를 소작하면서 살고 있는 사람들이라고 소개하면서, 김원근은 친일파가 아니라 "자비로운 사람", "은인"이라고 주장하게 한 것이다.

우리들은 김원근을 빈농의 자부로 칭하고 있다. 우리는 소작권의 임의 이동이나 세금의 강제 인상의 고통 속에서 "자비로운 아버지와 같은 김원근"을 만나 30여 년간 실로 "안심"하고 살 수 있었다. 추수 시 소작인들의 의견을 들어 공정하게 세금을 정하고, 공출 시에는 800석 추수에 백미 40석으로 삭감해 주고, 개간지를 소작인에게 분배해 주었으며, 소작에서 해방되게 하는 등 "하해와 같은 은인"으로 눈물로 감탄하지 않는 사람이 없었다.

<김원근 진정서 1>, 1949년 3월 20일, 《반민특위 재판기록》 3권 157쪽~177쪽

실제 당시 변호인들이 "일반의 진정, 특히 소작인의 진정이 다수라는 점으로 보아 농민 지지가 확실하다"며 무죄를 요청한 것을 보면, 소작인을 동원한 진정서는 왜곡된 여론 조작에 유효했음을 알 수 있다. 또 다른 진정서에는 김원근이 자신이 경영하는 학교 직원들을 동원해서 교육 사업을 한 "위대한 인물", "민족이 낳은 희세의 인물"이라고 칭하면서 일제강점기 중추원 참의는 마지못해 한 것뿐이라고 주장했다

청주상과대학과 부속 남녀상업중학교, 대성학원 재단 이사장인 김원근은 교육 사업에 전력을 바친 "위대한 인물이요", 배움에 굶주린 우리들의 형제자매를 육영키 위하여 자기 일생에 모은 재산 전부를 통틀어 교육 사업을 한 "민족이 낳은 희세의 인물"이다. 다만 "일제의 강요"로 부득이 중추원 참의라는 짐을 짊어지게 된 것이 오직 애통한 일이다.

<김원근 진정서 2>, 1949년 3월 15일, 《반민특위 재판기록》 3권 178쪽~180쪽

또한 친일 경찰에 거물 면장 출신인 최준성도 친일파로 고발된 것은 모함이라고 하면서, 자신은 이 지역에 없어서는 안 될 인물, 덕망이 많은 인물이며 애국자라고 주장했다. 이 말대로라면 정말 최준성은 존경받을 만한 애국자인 것이다. 최준성의 탄원자로는 영월 경찰서장, 국민회 영월군 지부, 대한청년단 영월군 단장, 영월군 농회회장, 영월군 교원회장, 영월군 공립중학교 후원회장, 영월군 장학회장, 영월군 소방서장, 영월군 우편국장, 영월 지역 기업 대표 등 지역 유지들이 대거 참여했다. 탄원서의 신뢰도를 높이기 위해 지역 유지들을 총동원한 것이다.

영월면장 최준성은 일제강점기 영월군 경찰서에 재직 중 사법 주임으로 있었으나 "고등사건을 취급하거나 고등형사로 근무한 사실은 없다." 단, 강원도 경찰부 보안과에 근무 시, 즉 1932년 5월경 도내 핵심 사건이었던 양양농민조합 사건 당시 조사관이었으나 농민조합원을 취조한 사실은 없고, 검거된 양양어민조합 사건을 취조하여서, 1인만 1년 징역을 언도받았고 나머지 20여 명은 전부 불기소 처분되게 했다. 그렇기에 악질적 행위로 민족에게 해를 가한 자가 아니다. 일부에서는 피고를 중상, 모함하는 자가 있을지 모르나 현명한 판단을 바란다.

최준성은 1938년 8월 영월면장에 취임해서도 면민의 절대한 지지를 받고 있었고, 해방 당시에도 면장으로서 덕망과 은혜로 민중의 신뢰가 후하고, 특히 해방 직후 질서가 혼란하고 민심이 동요된 격동기에서는 지방 치안에 다대한 공헌을 세웠으며, 해방 이래 현재까지 지방 발전과 건설 사업에 심혈을 기울인 "이 지역에서 없어서는 안 될 존재"이며 면장이라는 말단직에 있으나 "건국 사업에 헌신하고 있는 애국애족적 정신이 농후한 인물"이며, 만일 전기 경찰관 재직 시 행위가 반민법에 해당한다고 혐의를 받았다 할지라도 당연히 형을 면제해 주어야 할 것으로 인정된다.

〈최준성 진정서〉, 1949년 8월, 《반민특위재판기록 15》 125쪽~133쪽

그리고 일제강점기 도회의원, 면장 출신이었던 소진문은 국민회 이리 시당 부위원장을 비롯해 정관계, 사회 단체 인사들을 총동원했다. 대한국민당, 대한독립촉성국민회 이리 시위원장, 정북 수리조합장, 원불교 이사장, 대한경찰협회 이리 지부장, 동아일보 이리 지국장, 대한유도회 이리 지부 부위원장, 이리 지역 병원장, 개신교 목사 등이 소진문의 석방을 위해 탄원서 작성에 참여했다. 이들은 면장은 마지못해 했고, 비행기 헌납도 부득이하게 했으며, 오히려 일제강점기 교육 사업에 힘쓰고 도회의원으로 있으면서 도민과 면민의 복리를 위해 힘썼다고 주장했다.

홍종철의 탄원서는 홍종철이 "일생을 통하여 사리를 버리고 공익을 위하여 노력"하였다고 하여 제목부터 눈에 띈다. 사리사욕을 버리고 오직 공익과 면민만을 위해 헌신했으며, 국가 독립을 위해 육영 사업을 매진하고, 조선의 혼을 주입시키는 교육을 해 왔다는 것이다. 그 과정에서 경찰에 무수한 탄압을 받기도 했다고 한다. 홍

종철의 주장대로라면, 독립운동가를 총독부가 강제로 국회의원이
나 면장을 시켰다는 뜻이 된다.

　홍종철은 국가 독립은 제2 국민 교육에 있다는 이념하에 1.
1920년 고창중학교 기성회를 설립했다. 그런데, 고창중학교 설
립 당시 반대파에 의해 시기상조라고 협박을 받기도 했지만, "교
육 방침과 관련하여 학생들에게 민족정기를 살리며 조선 혼을 주
입시키기 위하여 교원도 채용할 때 학식과 덕망은 물론이고 사상
관계를 주로 조사"하였으며, 도당국은 교원의 3분지 1은 일본인을
채용하라 하였으나 2인 이상 채용하지 않아, "사상이 불량하다"고
하여 폐교의 협박을 받기도 했다. 결국 1941년 고창 경찰서장으
로부터 불온사상 혐의가 농후하다고 하며 사임을 요구하면서 사
임하지 않으면 구속하겠다고 하여 사임하기도 했다. 다만, 사립학
교를 공립학교로 바꾼 것은 도지사와 경찰서장 등이 절대적 방침
이라 하여 부득이하게 바뀌었다.

　홍종철이 도회의원에 선출된 것은 고창중학교 재단 이사로 선
출된 것으로, 이는 학교 운영상 도 기관과의 관계 및 도비 보조 등
을 위해 천거에 의해 출마한 것이고, 관선으로 다시 선출된 것은
민선으로 1기의 활동을 했는데 거절할 수 없어 부득이하게 되었
다. 중추원 참의가 된 것은 사업 관계와 학교 운영 관계로나 "천거
하여 준 호의"로 도저히 거절할 수 없었고, 1944년 면장에 취임한
것은 군수와 서장이 면장 취임을 권유하나 거절하여 오다가 서장

이 협박 공갈을 해서 부득이하게 취임한 것이다.

〈홍정철 진정서〉, 《반민특위재판기록 17》 774쪽~797쪽

　　홍종철의 탄원을 주장한 사람은 고창 지역과 전북 지역의 대표적
유지들이 총망라되었다. 진정서 대표는 상공부 차관과 백관수 제헌
국회 의원이었고, 문교부 차관, 성균관대 교수, 조선중앙일보사(새
한민보) 편집국장, 영우회 총무 김봉수, 고창의원 원장장, 고창여자
중학교 교장, 중동중학교 직원들이었다. 이들은 이미 일제강점기부
터 결합되어 있었는데, 상당수가 일제강점기 '영우회'라는 사조직
의 회원들이었다. 홍종철이 영우회를 창립한 원년 회원이었고, 김
수학 상공부 차관은 영우회 창립 시 초대 회장이었다.

　　한편, 중추원 참의 출신으로 나중에 한국경제협의회 초대 회장을
지낸 김연수의 탄원서는 처음에는 "사업상 불가피했다"며 동정론
을 피력하다가, 나중에는 해방 이후 산업 발전, 건국 산업에 부흥했
고, 일제강점기 경성방직의 건립 등도 '민족운동'의 발로였다며, 오
히려 공세적 논리로 바뀌었다.

　　"자기 사업을 하는데 일제와 정면충돌한다면 사업은 아니 되었
　을 것이고, 일본은 억지로라도 전쟁을 계속하기 위한 계획하에 김
　연수를 징용한 것이다", "만주 명예 총영사, 중추원 참의 등은 실권
　없는 직위로, 그 당시 김연수가 이러한 직을 거부할 권한이 없었
　다", "송진우, 장덕수 등에게 물자 원조를 지원해 주었다", "체육인

에게도, 특히 마라톤인에게도 지원했다", "이는 김연수를 수전노와 동일시해서는 안 된다", "애국자 김성수의 동생이다."

권태하, 서윤복 등, 〈김연수 진정서 1〉, 《반민특위재판기록 2》 321쪽~327쪽

"대한민국 산업발전 부흥에…… 가장 큰 성과를 거두고 있는 섬유공업부문"에서 "불멸의 공적"을 쌓았다.

안호준 등, 〈김연수 진정서 2〉, 《반민특위재판기록 2》 330쪽~331쪽

경성방직은 3·1 운동 이후 민족주의 계열의 민족 산업 육성책으로 만들었다. "우리 민족 옷감은 우리 민족 손으로"라는 슬로건으로 세워진 것이다. 즉 경성방직은 "민족적 요청"에 의한 것으로, "민족적 정신에 의한 끊임없는 지도 육성의 결정으로 양성된 수천, 수만의 기술자가 각지 공장 운영의 중추적 역할"을 했다.

전풍진 등, 〈김연수 진정서 3〉, 《반민특위재판기록 2》 330쪽~331쪽

김연수는 섬유 업계 대표, 삼양사 간부와 직원들을 동원하였다. 김연수의 '증언자'로 정계, 학계, 사회 주요 인사들이 동원되었다면, '탄원자'는 체육계부터 계열사 직원, 상공부 중하급 관리와 대학 교수 등이 동원되어, 이를 총망라해서 보면 김연수는 말 그대로 각계각층을 총동원한 것이다.

그 밖에도 일제강점기 기독감리회 제1대 회장으로, 임전보국단 같은 대표적인 친일 단체에서 활동했던 양주삼의 탄원에는 연희대학 총장, 이화여자대학교 총장, 배화여자중학교 이사장, 이화여자중학교 재단 이사장 같은 교육계 관계자, 기독교여자선교회, 여자

기독교청년회, 기독교감리회, 기독교조선감리회 같은 종교계 대표들이 대거 참여해서 비슷한 논리로 탄원서를 제출했다.

이 모든 과정이 반민특위를 압박하고 옥죄었다. ◎

누가 친일파를 비호했나

친일파 비호 세력은 반민특위 활동 과정에서 다양한 방식으로 확인된다. 이들은 친일파 석방을 위해 거짓 증언을 하거나 위장된 탄원을 하기도 하고, 반민법 논의를 공개적으로 반대하거나 반민법 반대 시민대회를 주관하기도 했다. 더나아가 자신은 절대 친일파가 아니라며 스스로를 변호하기도 한다. 여기서는 일반적으로 잘 알려지지 않은 친일파 비호 세력을 살펴보고, 친일파가 스스로를 변호하는 논리도 함께 살펴보고자 한다.

친일파 비호 세력을 유형별로 살펴보면 다음과 같다.

첫째, 국회의원들이다. 백관수나 손영목 같은 제헌국회 의원들은 친일파와 결합해서 그들의 증언자로 나와 친일파들을 비호했다. 그들의 행동은 부득이하게 할 수 밖에 없었던 행위니 무죄라고 증언한 것이다. 부패한 인사와 정치권의 결합이 이미 이때부터 형성되었다는 점이 씁쓸하다.

둘째, 정부 관료들이다. 국무총리를 비롯하여 내무부 장관, 상공부 차관, 교육부 차관, 경찰 간부들이 친일파와 결탁했다. 특히 상공부 차관이나 교육부 차관은 친일파들을 면죄시키려고 급하게 설립한 학교 법인을 허락하기도 했다. 이들 중 상당수는 일제강점기부터 서로 알고 지내던 사람들로, 해방 이후 서로 비호하는 세력으로 결합한다.

셋째, 대학 총장 및 대학 교수들이다. 연세대, 고려대, 이화여대 같은 소위 대한민국 최고 대학의 총장들부터 서울대학교 교수들까지 증언에 참여했다. 친일파와 이들의 결탁은 이미 학교 재단을 설립하는 초기부터 연결되어 있었다. 재단 설립이나 학교 운영 과정에서 친일파들이 돈을 지원하면서 관계가 형성된 것이다.

넷째, 언론사 대표 등이다. 동아일보 사장, 중앙일보 편집국장 같은 보수 언론사 대표들부터 지역의 언론사까지 친일파들의 무죄 증명을 위해 발 벗고 나섰다. 이들은 친일파 청산을 공개적으로 반대했다. 언론의 중립성, 국민의 알 권리를 공언하지만 정작 재판 과정에 직접 나와서는 친일파들을 비호하는 증언을 하거나 탄원 활동에 앞장섰다. 공정해야 할 언론이 해방 직후부터 이미 특권층과 결탁한 것이다.

다섯째, 정당 대표와 사회단체 대표들이다. 여성국민당, 대한국민당, 대한독촉국민회, 대한청년당, 노인회 같은 친정부 정당이나 사회단체가 거의 대부분이었다. 해방 직후 보수 정당, 청년 단체나 노인 단체에도 친일파들이 대거 참여했다. 이들은 관변 단체로 활동했을 뿐만 아니라, 친일파 증인이나 탄원 활동에도 동원되었다. 특히 극우 사회단체 관계자들은 친일파 청산 세력을 오히려 공산주의자로 몰았다. 이런 조작된 여론몰이는 과거나 현재나 모두 극우 사회단체들이 했다.

여섯째, 종교 단체 대표들이다. 개신교, 청년회, 선교회, 원불교 같은 다양한 종교 단체 대표들이 친일파 비호에 참여했다. 종교는 정치와 분리되어야 하지만, 우리의 경우 종교 단체 지도자들이 정치에 개입하는 경우가 유독 많았다. 이런 형태 또한 이미 일제강점기부터 있어 왔다. 이들은 친일파 탄원에 직접 참여하거나 정치적 영향력을 행사하기도 했다. 친일 목사나 친일 경력자들이 있어서 그런 경우도 있고, 친일파들의 돈이 종교계로 흘러들어간 경우도 많았다. 종교 단체가 친일파들을 보호하는 울타리로도 작용한 것이다. 그들은 친일파들이 자신들이 속한 종교의 친자라며, 친일파 척결을 주장하는 세력을 '종교 탄압'이라는 미명으로 역공을 하기도 했다.

일곱째, 교육 종사자들도 참여했다. 학교 재단 이사장이나 교장, 학교 선생 같은 교육계 종사자들도 친일파 옹호에 동원되었다. 해방 이후 민족 세력이 민족운동의 일환으로 민족학교를 건립하는 경우도 있었지만, 자신의 부와 권력을 위장하려고 재단을 세우거나 학교를 건립한 경우도 많았다. 그런 경우 교장, 교수, 학교 관계자들이 모두 학교 설립자를 옹호하는데 앞장섰다. 양심이 우선이며 부정을 거부해야 할 교육계가 '교육적 양심'이라는 말로 자신을 표장하면서 친일파들을 비호한 것이다. 더 나아가 친일파의 행동을 교육적 행위로 둔갑시키기도 했다.

마지막으로, 지역 유지들이다. 지방 사회를 장악한 면장을 필두로 정치 사회단체 지방 지부장, 지방 종교 단체장, 지방 병원장, 지방 농회장, 지방 경찰서장과 소방서장, 지방 초중고 교장과 지역 학교 이사장 등이 친일파 탄원에 대거 참여했다. 사실 대도시보다 지방 사회가 친일파와 더 긴밀하게 결탁된 경우가 많았다. 이들이 함께 지방 사회를 장악해서 더욱더 폐쇄적인 지역 사회, 그들만의 세계로 만들었고 현재까지도 서로 결탁되어 지역 사회를 장악하고 지역 여론을 형성하고 있다.

이렇듯 친일파 비호 세력은 일반적으로 알려진 이승만과 고위 관료뿐만 아니라 국회의원, 교육계, 종교계, 심지어 지방 유지들까지 총망라되어 나타난다. 그리고 미군정기를 거쳐 정부 수립 당시, 그리고 이후에도 한국 사회 각 분야를 장악했다. 애국자 독립운동가가 중심 세력이 되지 못하고, 친일파와 그 비호 세력이 한국 사회를 장악한 것이다.

또한 이들 비호 세력은 다양한 논리로 스스로를 변호했는데, 앞서 친일파 변명 논리와 비슷하다. 그 유형을 살펴보면 다음과 같다.

첫 번째는 자기 농토를 소작하는 소작인이나 운영하는 학교의 학생, 교직원들을 동원해서 탄원서를 쓰게 해, 자신을 "자비로운 사람이었다", "위대한 인물이었다"고 하거나, "군민들의 칭송이 자자한 인물이었다", "목민관이었다"고 주장하는 유형이다. 대부분 군수나 도지사로 있으면서 자신이 저지른 친일 행위를 '목민관의 행위', '군민, 도민을 위한 행동'이었다고 바꾸는 것이다.

두 번째는 자신은 강직하고 지역 사회의 개발과 공공 이익을 위해 평생을 바쳤다면서, 자신을 친일파라 지목하는 것은 '허위'라고 주장하는 유형이다. 이들은 신고자들을 오히려 '무고죄'로 뒤집어씌우기도 한다. 반성은 고사하고 잘못을 지적한 사람을 오히려 범죄자로 모는 것이다.

세 번째는 친일 행위가 "불가피했다"고 주장하는 유형이다. '친일 불가피론'도 일반적으로 사용하는 논리 중 하나이다. 친일이 자신의 사리사욕을 위한 것이 아니라 국민들 요망에 따라 "부득이하게 한 행위"라 주장하거나, 누군가는 군수를 해야 되고 누군가는 교회나 단체의 대표가 돼야 하는 상황에서 본인들이 대표나 군수, 도지사가 돼 일본 총독부와 협의하는 역할을 했을 뿐이라는 것이다. 이들은 자신들이 원해서 대표가 된 것이 아니라, 지역민의 뜻에 따라서 한 것뿐이라 주장한다.

네 번째는 "해방 이후에 교육 사업, 또는 건국운동에 헌신했다"면서, 해방 이후 행적으로 친일 행위를 무마시키려는 유형이다. '건국운동'이란 주로 학교를 설립하거나 정치 자금을 제공하는 따위의 활동을 말한다. 이들은 해방이 되자 면죄부를 받기 위해 대통령이나 우익 정치 단체에 자금을 제공하고 그들과 함께 행동한 것을 건국 활동으로 표현했다. 일종의 정치권 '줄 대기'였다. 교육 사업으로 면죄를 받으려 하는 경우는 체포되기 바로 직전에 학교 법인을 설립하거나 후원금을 제공했다. 자신의 죄를 면죄받기 위한 방패막이 조치로 이해된다.

다섯 번째는 일제강점기 친일 행위를 애국적 행위로 '둔갑'시키는 유형이다. 일제강점기 학교 설립도 조선 독립을 위한 독립운동의 일환이었고, 언론사를 만든 것도 청년운동을 위한 것이었으며, 군수가 된 것도 총독부가 지속적인 공갈 협박을 해서 부득이 한 것뿐이라는 것이다. 그럼에도 본인은 "공출이나 징용을 반대하고, 조선어 사용을 유지했으며, 창씨를 반대해 온 애국자"라면서 스스로를 둔갑시킨다. 친일파를 애국자로 둔갑시키는 것은 민족적 가치관을 혼란시킨다는 점에서 문제가 더욱 심각하다.

여섯 번째는 친일 기업 활동을 두고 민족 산업을 육성하려는 정책이었고, 민족운동의 발로였으며, 대한민국 산업 발전과 건국 산업의 부흥을 위한 것이라 주장하는 유형이다. 일제와 결탁해서 자신의 부를 채우려는 행위를 한국 경제 발전을 위한 것이라 주장하는 궤변으로, 현재 일본이 조선 침략을 조선 발전을 위한 것이었다고 주장하는 것과 동일하다.

이런 주장은 이미 해방 직후부터 나와 친일파 청산을 반대하는 다양한 논리로 발전해 갔다. 문제는 이런 왜곡된 논리가 실제 법적으로도 작동되었다는 사실이다. 대한민국 법 절차에 따라 거짓 증언이나 조작된 탄원이 악용되어 적용된 것이다. 따라서 대한민국이 건강한 사회, 상식적인 사회가 되려면 친일파 비호 세력의 연원과 뿌리를 찾아내는 일이 중요하다. 그리고 하나하나씩 그들의 논리까지 다 잘라 나가야 한다.

반공의 확산, 무너지는 반민특위

1949년 6월 전후 한국 사회는 친일파를 처벌하려는 사람은 '매국노'로 매도되고, 친일파들은 공산주의와 싸운 '애국자'로 평가되는 이상한 상황에 처해 있었다. 결국 백범 김구마저도 암살당하는 무법한 상황 속에서 반민특위는 서서히 해체의 과정을 밟아 갔다.

6월 총공세

이승만 정부와 친일파 세력은 반민특위 요인암살음모 사건을 비롯해서 각종 협박과 테러, 반공대회, 조작된 탄원과 증언, 그리고 자료 거부까지 다양한 방법으로 반민특위 활동을 방해했다. 그런데도 반민특위가 친일파 청산 활동을 계속하자, 이들은 상황을 완전히 바꿀 특별한 계획을 준비했다. 바로 이승만 정부의 1949년 '6월 총공세'가 그것이다. 6월 총공세는 소장파 의원들의 체포를 시작으로 반민특위 습격 사건, 국회 프락치 사건, 백범 김구 암살 등 1949년 6월 이승만 정권이 자행한 일련의 총공세를 뜻한다.

6월 총공세는 이문원, 최태규, 이구수 같은 대표적인 소장파 의원을 공산주의 혐의로 체포하면서부터 시작되었다. 소장파 의원들이 친일파 처벌과 외국군 철수를 지속적으로 요구하자, 정부는 1949년 3월부터 내부적으로 은밀하게 관련 자료를 수집하면서 사건을 조작해 갔다. 이들에게 뒤집어씌운 죄명은 소장파 의원들이 "남로당 7원칙을 선전했다", 곧 남로당 '프락치'였다는 것이다.

그런데 6월 이들이 기소될 당시까지만 해도 기소 내용 어디에도 '남로당 7원칙'이라는 말은 나오지 않았다. 그때까지만 해도 소장파 의원들을 남로당과 연결시킬 죄를 찾지 못했던 것이다. 그러다가 최태규 의원이 외부 강연에서 한미협정을 을사조약과 같다고 비판한 점, 이구수 의원이 평화적 남북통일의 방안으로 남북한 대표들이 협상하여 중앙 정부를 수립하자고 주장한 것 등이 갑자기 기소 이유가 되었다. 기소 당시까지만 해도 없었는데, 기소 '이후에' 갑자기 소장파 의원들이 남로당 7원칙을 지지하고 선전했다는 내용이 추가된 것이다.

더 중요한 것은 남로당 7원칙의 내용이었다. 논란이 된 핵심 내용은 "외국군 철퇴"와 "친일파 처단"이었다. 그런데 외국군 철퇴 주장은 민족 국가를 세우려는 백범 김구나 김규식, 당시 민족 세력이면 누구나 주장하던 일반적인 내용이었다. 그런데도 이런 주장을 남로당의 지령이라고 둔갑시킨 것은 당시 이승만 정부를 가장 힘들게 한 친일파 문제와 무관하지 않았다.

외국군 철퇴 문제는 이승만 정권을 당혹스럽게 했지만, 어쨌든 단순히 말뿐인 정책이었다. 이에 견주어 1949년 1월부터 6월까지 반민특위는 서울과 전국 각 지역에서 이승만 정권의 수족인 친일파를 꾸준히 체포했다. 신문에서도 연일 친일파 체포 보도가 나왔다. 정부는 다양한 수단을 총동원해서 반민특위를 공격했지만, 반민특위는 친일파 체포를 멈추지 않았다. 그런 상태가 이승만 정부를 더 힘들게 했다. 이승만 정부는 반민특위를 공격할 명분을 찾고 있었다. 그런데 그 명분이 남로당 7원칙이라고 뒤늦게 판단한 것으로 보인다.

결국 이승만 정부는 소장파 의원들을 처음에는 남로당과 연결시켜 단순 사건으로 체포했지만, 조사 과정에서 남로당 7원칙을 수행하고 선전한 인물로 '둔갑'시킨 것이다. 이는 요즈음 논란이 되고 있는 검찰의 공작 정치와 비슷하다. 수사를 하다가 죄가 나오지 않으면 검찰은 죄를 '만들'거나, 때로는 공산주의자로 몰아갔다. 대한민국에서 검찰과 경찰에 의한 인권 침해나 공안 사건이 국가 권력에 의해 조작되기 시작한 것도 이때부터였다.

게다가 이승만이 노덕술을 석방시키려 한 이유 중 하나가 치안 기술이라고 했는데, 이 치안 기술이 바로 사건을 '조작'하는 기술이었다. 결국 그 뒤 대한민국 검찰과 경찰이 자행한 다양한 공안 사건들도 이런 일제강점기 '치안 기술'을 계승한 것이라 볼 수 있다.

빨갱이 의원 성토대회

국회는 부당하게 체포된 소장파 의원들의 석방을 요구하는 결의안을 상정했다. 이 결의안은 통과되지 못했지만, 표결 결과 의원 88명이 찬성했다. 문제는 극우 의원이나 극우 시민단체에서 찬성에 표를 던진 의원들을 대한민국을 부정하는 공산주의자로 매도하기 시작했다는 것이다. 국회에서 상정된 안건을 찬성하거나 반대하는 것은 상식적인 국가에서는 당연한 일이었지만, 당시로서는 아니었다. 특히 정부안을 반대하면 대한민국을 부정하는 사람이거나 공산주의자로 몰아붙였다.

그런 상식 밖의 일이 1949년에는 당연시되었다. 결국 찬성표를 던진 88명 의원이 공산주의자라면서 1949년 5월 31일, 국민계몽대라는 관변단체 주관하에 이들을 성토하는 시민대회가 개최되었다. 그러나 이날 석방을 찬성한 의원들은 모두 '빨갱이'라는 연판장이 돌고, 대회를 조사하려고 참관하고 있던 김옥주, 김웅진, 노일환 같은 소장파 의원들에게도 연판장에 도장을 찍을 것을 강요하다가 구타까지 하는 사건이 발생했다. 당시 소장파 의원들은 "세 의원이 빨갱이라는 증거가 있느냐?" 하고 물었는데, 이를 듣고 청년들이 몰려와 의원들을 폭행한 것이다.

그런데 당시 현장에는 경찰이 이미 출동해 있었고, 구타당하는 상황도 지켜보고 있었다. 그런데도 경관들은 저지하지 않고 자리만 지켰다. 결국 경찰관 앞에서 국회의원들이 구타를 당한 것이다. 노일환 의원은 경찰청 치안국장에게 진상 규명을 요구했지만, 치안국장은 "그런 곳에 왜 갔느냐" 하며 오히려 구타당한 의원을 타박했다. 무법천지의 상황이었다. 정상 국가에서는 성립될 수 없는 상황이었지만, 내무부는 조금도 동요하지 않았고 폭행한 청년들 조사도 전혀 이루어지지 않았다.

이러한 '88 의원 성토 시민대회'는 지방에서도 개최되었다. 이승만 핵심 조직인 대한국민회 전남 지부에서 바로 의원들을 규탄하는 성명서를 발표했다. 그리고 찬성표를 던진 전라남도 출신 김병회, 김옥주 의원을 '반국가적 행위자'라 규탄하고 국민 소환을 요구했다. 과거 일본의 정책을 반대한 사람을 반국가적 행위로 몰아 처벌한 것처럼, 이승만 정부는 자신들의 정책을 반대한 사람을 반국가적 행위자로 몰았던 것이다. 이런 방식은 박정희 때 유신 헌법으로 계승되어 정부를 비판하면 반국가적 행위로 규정하고 최고 사형까지 처벌하게 된다. 일제강점기 치안 기술이 이승만 정권에 계승되어, 박정희 정권 때에는 법으로까지 만들어진 셈이다.

소장파 유성갑, 김웅진, 노일환 의원은 이 같은 일련의 과정을 "대한민국 국회를 전복시키려는 음모"라 보았다. 그리고 이 성토 대회를 1948년 9월 23일 반민법 제정을 반대하고자 서울운동장에서 열렸던 '이종형의 반공 시민대회'와 같은 친일 시민대회로 규정했다. 더 나아가 체포된 세 의원의 석방을 요구한 의원 88명까지 '빨갱이'로 모는 것은 "정치적 모략"이라고 비판했다.

'빨갱이 의원' 성토 시민대회는 1949년 5월 31일에 이어 6월 3일에도 개최되었다. 관변 단체였던 국민계몽대가 주관이 되어 서울 탑골공원에 수백 명이 모여 반민특위 정문 앞까지 와서 "공산주의자가 이 안에 있다. 빨리 나와라!", "반민특위 내에 있는 공산당 세력을 숙청하라!" 하며 대회를 개최한 것이다. 이들이 반민특위 사무실 안쪽까지 습격하려 하자 위원들은 서울 중부 경찰서에 출동을 요청했다. 그런데 중부서 경찰들은 출동은 했지만, 시위대의 습격을 방관만 하고 있었다. 시위대는 아무런 저지도 받지 않고 반민특위 사무실을 마구 침입했다.

김상덕 반민특위 위원장은 이런 일은 "중부 경찰서와 사전에 협력"하지 않고는 불가능하다고 지적했다. 실제로 반민특위 사무실을 습격하고 서류들을 훼손했던 시위대원 10여 명을 반민특위 특경대원들이 체포해서 경찰에 넘겼지만, 그들은 조사도 받지 않고 곧바로 석방되었다. 중부 경찰서와 국민계몽대의 밀월 관계가 충분히 논란이 될 만했다.

이 사건을 반민특위는 "친일파들의 음모"로 규정하고, 내무부에 관계자 처벌을 요구했다. 그리고 이승만 대통령에게 항의도 하였다. 또한 사건의 배후로 서울시 사찰과장 최운하와 종로 경찰서 간부, 그리고 이승만 계열의 계몽협회 간부들을 지목하고, 이들을 반민법 제7조 '반민특위 활동 방해죄'로 체포, 수감하였다. 이에 서울시 경찰국은 불법 행위라면서 공개 항의를 했다. 그리고 결국 이 사건은 '반민특위 습격 사건'으로 이어진다.

반민특위 습격 사건

반민특위 습격 사건은 외형상 6·3 빨갱이 의원 성토 대회에서 비롯되었다. 반민특위가 6·3 반공대회 관계자로 최운하 사찰과장과 경찰서 간부들을 체포하자, 서울시 경찰청은 6월 5일 비상경계에 들어가고 경찰국 산하 사찰과 직원 440명이 신분 보장을 요구하며 사표를 제출했다. 서울시 경찰국 간부들도 긴급회의를 개최해 "하나, 반민특위 간부의 쇄신을 요구한다. 둘, (반민특위) 특경대의 해산을 요구한다. 셋, 경찰관의 신분을 보장하라"고 요구했다. 경찰이 이른바 집단행동을 한 것이다. 다른 사람들이 집단행동을 했다면 공산주의자들의 행동이라고 했겠지만, 경찰들은 자신들의 집단행동은 잘못된 법 집행을 바로잡기 위한 행동이라고 부정했다. 시위대의 반민특위 사무실 습격은 적법한 행동이지만, 반민특위의 친일파 체포나 조사 활동은 잘못된 법 집행이라고 본 것이다.

반민특위가 6월 4일 최운하 사찰과장을 체포하자 경찰계가 조직적으로 대응하는 가운데, 1949년 6월 6일 윤기병 서울시 중부 경찰서장의 지휘하에 사복 경찰 40여 명이 반민특위 사무실을 습격하는 '반민특위 습격 사건'이 발생했다. 경찰은 단순히 반민특위만 습격한 것이 아니었다. 반민특위 위원과 조사관의 집도 습격하고 가택 수색도 동시에 추진했다. 이 과정에서 반민특위 특경대장 오세윤과 특경대원 30여 명이 중부 경찰서에 체포되었다. 반민특위 위원들도 수색당하고, 권승렬 특별검찰부 부장은 권총을 압수당했다. 체포된 특경대원 20명 가운데 16명이 병원에 입원할 정도로 과격한 진압이었다. 이들은 짧게는 2, 3주에서 길게는 2, 3개월의 진단서를 받았다.

그런데 반민특위 습격은 총기 회수만으로 끝나지 않았다. 경찰은 직원들 명부와 주소록에서부터 친일파 조사서 같은 반민특위 관련 서류도 요구했고, 심지어 투서 내용이나 진정서철, 친일파 죄상을 조사한 자료들도 압수해 갔다. 이 과정에서 중요한 사실은 바로 친일파 조사 자료가 모두 '망실'되었다는 점이다. 현재 친일파 자료가 거의 남아 있지 않은 이유도 당시 경찰들이 모두 압수해 간 결과였다. 현재 반민특위 조사서는 극히 일부만 남아 있을 뿐 대부분 국회나 검찰, 법원 어디에도 없다.

이렇게 보면 반민특위 습격 사건은 경찰, 특히 서울시경과 반민특위의 갈등이 표출된 것처럼 보인다. 반민특위가 노덕술, 최운하 같은 경찰 간부들을 구속한 것이 결정적 요인으로 작용한 것처럼 보이는 것이다. 그러나 이 사건은 처음부터 반민특위와 서울시 경찰청과의 갈등만은 아니었다.

반민특위 습격 사건은 서울뿐 아니라 지방에서도 일어났다. 1949년 6월 2일, 전라남도에서는 반민특위 요인들의 총사퇴를 요구하는 협박장이 날아왔고, 반민특위 습격 사건이 발생한 6월 6일에는 강원지부에서도 특경대원 12명이 춘천 경찰서의 습격으로 무장 해제를 당했다. 6월 8일에는 충북 경찰청이 "상부의 지시"라며 반민특위 충북 조사부를 습격하고 특경대 해산을 요구했다. 그리고 전국적으로 반민특위 요인들을 향한 협박 사건도 진행되었다.

반민특위 습격 사건이 발생하자 김상덕 반민특위 위원장은 국회에서 진상 규명을 제안하면서 내무부 차관, 치안국장, 경찰 책임자들을 고소했다. 그리고 국회는 내각 총사퇴를 요구하며 국회 휴회

를 선언하기도 했다. 김병로 대법원장도 기자 회견에서 중부 경찰
서의 반민특위 습격과 특경대 무장 해제는 이승만 대통령의 지시에
의한 것이라고 단정했다. 국회 특별법으로 조직한 반민특위와 특별
경찰대를 습격하고 총기와 서류를 압수하는 것은 명백히 불법 행위
이고, 이러한 중대한 일을 일개 경찰서에서 단독으로 할 수는 없다
고 비판한 것이다. 실제로 1949년 6월 8일 내무부 차관은 중앙청 출
입 기자와의 인터뷰에서 "이번 행동은 내무부의 지시에 의하여 질
서정연하게 진행된 것"이라고 말했다. 이승만도 AP 기자 회견을 통
해 "내가 특별경찰대 해산을 명령했다"고 시인했다.

> 내가 특별경찰대를 해산시키라고 경찰에게 명령했다. 반민특위
> 는 노련한 경찰관인 최운하 등을 체포하였는데, 경찰권은 행정부
> 만이 허용되기 때문에 특별경찰대 해산을 명령한 것이다.
>
> 《호남신문》, 1949년 6월 9일

어이없게도 국회에서 만든 반민특위와 특경대를 불법 단체라며
해산을 명령했다는 것이다. 이승만은 국회의 결정이나 국회에서 만
든 법보다도 스스로 위에 있다고 보았다. 국회에서 어떤 법을 만들
더라도 대통령은 언제든지 법과 상관없이 해체시킬 수 있다고 본
것이다. 결국 반민특위 습격 사건은 처음부터 이승만의 지시하에
내무부가 조직적으로 준비한 사건이었다.

그렇다면 이승만은 왜 습격 사건을 일으켰을까? 당시 사복 경찰

은 특경대원만 공격한 것이 아니었다. 반민특위 총무과, 특별재판 부까지 와서 직원 명부, 주소록, 특위 관련 서류들을 요구하고, 투서와 진정서철, 친일파 죄상을 작성한 〈조사서〉 등을 압수한 사실을 감안하면, 처음부터 반민특위를 '와해'시키려는 음모였다고 볼 수 있다. 단지 명분이 특경대의 무장 해제였을 뿐이었다.

그 뒤 조치를 보면 그들의 의도가 무엇인지 더욱 분명해진다. 이승만 정부는 '공소 중인 사건'은 모두 "공소 취소"하고, 반민법에 의한 '판결'도 모두 "효력을 상실"시켰다. 반민특위 습격 사건은 반민특위를 와해시켜, 궁극적으로는 친일파 숙청을 원천적으로 못 하게 하려는 이승만 정부의 대응이었다.

국회 프락치 사건과 백범 암살

반민특위 습격 사건 이후 남한은 반공 정국이 전국으로 확산되었다. 세 의원의 체포와 반민특위 습격 사건으로 시작된 이승만 정권의 '6월 총공세'는, 정부에 비판적인 소장파 의원들을 간첩으로 몰고 백범 김구 선생도 암살하려는 음모로 확대되었다.

국회 프락치 사건은 1949년 6월 김약수 국회 부의장 등이 미국의 군사 고문단 설치를 반대하는 선언서를 국제연합에 제출하면서 시작되었다. 서울시 경찰국장 김태선은 군사 고문단 설치 반대는 소장파 의원들이 "남로당과 결탁해서 대한민국 정부를 파괴하고, 남한에 공산주의 국가를 세우려는 의도에서 추진한 것"이라고 규정했다. 군사 고문단 설치 반대가 곧 '남로당의 지시'라 본 것이다. 그리고 비판적인 소장파 의원들을 남로당 프락치라면서 체포하기 시작했다. 이승만 정부의 '치안 기술'이 또 다시 작동된 것이다. 소장파 의원들은 이 사건이 이승만 정부에 의해 조작된 '날조극'이라고 항의했지만 소용이 없었다.

사실 소장파 의원들이 제출한 미국 군사 고문단 설치 반대와 외국 군대의 철수 주장은 오래전부터 백범 김구를 비롯해 민족주의 세력들이 주장해 왔던 일반적인 논리였다. 36년간 일제를 경험한 민족 세력은 해방된 조국에서도 여전히 외국 군대가 남아 있거나, 군사 고문이라는 미명하에 미군이 한국에 계속 주둔하는 것을 받아들이기 힘들었다. 외국 군대가 계속 주둔한다는 것은 독립 국가에서는 있을 수 없는 일이라고 본 것이다. 그렇기에 백범은 소장파 의원들이 외국군 철수를 제안했다는 말을 듣고 "건설적인 제안"이라고 높이 평가했다. 백범과 같은 민족주의 세력의 입장에서는 너무도 당연한 주장이었다. 그러나 이승만 정부는 이러한 민족주의적 주장을 남로당의 지시라 보고, 간첩 행위라고 규정한 것이다.

1950년대 이후 수십 년 동안 대한민국의 치안 기술의 핵심은 국가 권력에 의한 '사건 조작'이었고, 그 과정에서 무수히 많은 사건들이 조작되고 간첩단 사건이 일어났다. 당시는 몰랐겠지만, 국회 프락치 사건은 한국 현대사에서 국가 권력에 의한 조작 사건의 첫 시작이었다. 그리고 그 사건을 조작하고 만든 사람들이 바로 친일 경찰 출신의 '치안 기술자'들이었다.

그런데 이 국회 프락치 사건도 반민특위 활동과 무관하지 않았다. 국회 프락치 사건을 수사했던 김호익은 "대한민국에서는 친일파를 처벌하는 것보다 공산주의자를 숙청하는 것이 더 급한 일"이라 하면서, "공산주의자를 숙청하려는 최운하 수사과장을 구속한 반민특위는 반국가적 행위자들"이라고 비판했다. 반민특위 습격 사건을 지휘한 내무부 차관 장경근은 습격 후 연행한 반민특위 직원들에게 "반민특위는 빨갱이의 소굴이다", "너희들은 언제부터 남로당에 가입했느냐?" 하고 추궁했다.

이런 공포 분위기 속에서 반민특위 위원들은 하나씩 사퇴하기 시작했다. 더 이상 감내하기 힘들다는 이유에서였다. 7월 2일 서용길 특별검찰관은 "국회 프락치 사건에 왜 이름이 거론되었는지 모르겠다", "국법에 의해 민족정기를 살리고 민족의 이름으로 친일파를 처벌한 담당자로서…… 더 감내할 수 없다"라고 하며 특별검찰직을 사임했다.

지방에서도 상황은 비슷했다. 목포에서는 1949년 7월 김약수, 김옥주 등 친일파 청산을 강조했던 전라도 지역 의원을 타도하자는 목포 시민 성토대회가 개최되었는데, 이 성토대회는 대한노총, 학도호국단, 국민회대표 같은 극우 단체들이 참여했다. 이들은 지역 의원들이 "남로당 지령으로 우리 정부를 전복시키려는 자들이다"라고 결의했다. 전국이 '공산주의자 타도'를 외치고 있었다. 반민특위 활동에 적극적인 사람들을 공산주의자로 몰고, 반대로 친일파들이나 친일파 비호 세력은 공산주의자들과 싸운 민주 투사로 변신해서 반민특위를 공격했다. 공격 방식과 논리도 그전과는 비교가 안됐다. 이제는 아예 반민특위나 친일파 청산을 주장하는 사람들을 모두 남로당의 프락치로 몰고, 대한민국을 전복시키는 세력으로 매도하기 시작한 것이다.

이런 가운데 김구 암살 사건이 일어났다. 김구는 1948년 3월 말, "남한의 우익 단체가 친일파, 민족 반역자까지 포함하는 것은 크나큰 문제"라고 지적하면서 그들을 우익을 더럽히는 '군더더기' 집단으로 비판했다. 7월에도 "탐관오리와 친일파들이 활보하고 있는 것은 통곡할 일"이라고 하면서 친일파 세력에 비판을 계속 이어 갔다. 반민특위 요인암살음모 사건이 발생하자, 김구는 또다시 "친일파 청산을 방해하는 행위는 청소하여야 한다"고 강하게 비판했다. 그리고 친일파 숙청 강경 발언이 많아지는 가운데 1949년 6월 29일, 김구는 암살되었다.

그런데, 김구 암살 관계자는 대부분 친일 경력자들이었다. 김구 암살을 지휘했던 장은산은 만주군관학교 출신이었고, 김구를 암살한 안두희를 보호하고 사건을 축소시킨 전봉덕 헌병 사령관은 일제강점기 평안북도 경찰부 보안과장 출신이었다. 배후로 의심되는 김창룡은 1940년 관동군 헌병 보조원으로 출발하여 헌병 오장으로 승진한 인물이었고, 김지웅은 친일 브로커로 알려졌다. 김구 암살 사건 재판장을 맡은 원용덕도 일본 관동군 중위 출신이었다. 당시 군 당국은 김구 암살과 관련해서, 김구의 한국독립당이 대한민국 정부를 전복하려 했고 소련의 주장에 따라 미군 철수를 주장해서, '애국 청년'인 안두희가 '의거'를 한 것이라는 수사 결과를 발표하였다. 백범마저도 공산주의자로 매도한 것이다.

또한 한국독립당도 공산주의 단체로 매도했다. 이승만 정부는 그 근거로 "첫째, 5·10 선거에 의해 설립한 대한민국 정부를 부인하고 둘째, 평화적 통일이라는 이름 아래 공산주의자들과 제휴를 시도했고 셋째, 남북 정치 협상에 의한 연립 정부 수립을 시도했으며 넷째, 미군 철수를 주장하며 군사 고문단 설치를 반대하고 다섯째, 미국의 한국에 대한 원조를 반대했다는 것" 따위를 제시했다. 대한민국 임시정부의 뿌리인 김구와 한국독립당을 공산주의 단체라 규정하고, 결국 대한민국 임시정부도 부정한 것이다. 그들에게 백범 암살은 단지 빨갱이를 암살한 애국 행위일 뿐이었다.

반민특위 습격 사건, 국회 프락치 사건, 백범 김구 암살은 정부의 수족이었던 경찰과 친일파들이 전국 각 지역에서 체포되는 상황에서, 이를 타계하려 했던 이승만 정부의 '총공세'였다. 민족적 주장이었던 미 군사 고문단 설치 반대가 남로당 프락치 사건으로 몰리고, 남북통일과 친일파 청산을 주장하던 소장파 의원들과 그들의 정신적 지주였던 백범 김구마저도 공산주의자로 매도되는 공포 분위기 속에서 1949년 6월 이후 반민특위 활동은 급속히 위축되고 와해의 수순을 밟기 시작했다.

공소 시효 단축안 🔍

1949년 6월 전후, 한국 사회는 친일파를 처벌하려는 사람은 공산주의자와 '매국노'로 매도되고, 친일파들은 공산주의와 싸운 '애국자'로 평가되는 이상한 상황에 처해 있었다. 결국 현직 국회의원, 대법원장, 검찰총장이 경찰에게 습격, 구타당하고, 백범 김구마저도 공산주의자로 몰려 암살당하는 무법한 상황 속에서 반민특위는 서서히 해체의 과정을 밟아 갔다.

국회에서는 1949년 7월 반민법 공소 시효를 2년에서 1년으로 단축시키는 안이 제안되었다. 이는 반민특위 활동 기간을 1년으로 줄인다는 것으로, 이승만 대통령이 오래전부터 제기한 안건 가운데 하나였다. 이승만은 1949년 2월 반민법 개정안을 제안했지만 국회와 시민단체의 반대로 관철되지 못했다. 그러자 그해 4월 '공소 시효 단축안'으로 이름을 바꿔 다시 제안했다. 그리고 5월 26일, 친이승만 계열 의원들이 반민특위 활동 기간을 1949년 8월 말로 완료하자는 '반민법 단축안'을 재차 제출했다. 하지만 당시까지만 해도 공소 시효 단축안은 모두 반대에 부딪혔다.

그런데 1949년 6월 일련의 반공 정국을 거치면서 상황이 바뀌었다. 이인 전 법무부 장관과 곽상훈 의원 등이 7월 6일 반민특위 공소 시효를 단축하자는 안을 다시 제출한 것이다. 그리고 참석 의원 176명에 찬성 74표, 반대 9표로 단축안이 가결되었다. 문제는 당시 공포 분위기 속에서도 참석한 의원 중 93명이 기권을 했다는 점이다. 기권한 의원 93명과 반대한 의원 9명까지 총 102명이 공소 시효 단축안에 반대하는 가운데, 겨우 74명 의원이 찬성해서 단축안이 통과된 것이다. 그전까지 계속 부결되었던 단축안이 7월에 와서야 가결된 것은 일련의 경직된 반공 정국 때문이었다는 것이 분명했다. 한 언론은 7월 9일, 〈민족정기를 살리자〉는 사설에서 반민특위가 친일파를 처벌하려 하자 친일파들이 "정면에서 또는 측면에서 방해"한 결과라고 지적했다.

공소 시효 단축안이 통과되자 김상덕 위원장을 필두로 반민특위 위원들은 7월 7일 일제히 사표를 제출했다. 특별조사위원만 아니라, 특별재판관(신태익, 서순영, 조옥현), 특별검찰관(노일환, 서용길, 김웅진)들도 사임하면서 핵심적인 소장파 의원들이 모두 사임했다. 경찰에 습격당하고 공소 시효마저 단축되자 반민특위 추진 세력은 더는 친일파 숙청에 기대를 하지 않고 총사퇴를 한 것이다.

그리고 7월 15일, 이인 전 법무부 장관을 필두로 친일파 청산에 반대했던 인물들이 반민특위 위원으로 새로 선출되었다. 위원장 이인은 반민법 공소 시효를 단축시킨 장본인이었고, 부위원장인 송필만은 한민당과 이승만의 애국금헌성회 출신으로 1948년 친일파 처벌을 관대히 하자고 주장했던 인물이었다. 특별조사위원으로 새로 선출된 진직현(전북)은 일제강점기 변호사로 활동하다가 해방 직후에는 독촉국민회 임실군 위원장으로 활동한 친이승만계 인물이었다. 역시 새로 특별조사위원으로 선출된 유진홍(충남)도 독촉국민회 출신으로 반민특위 특별재판부의 설치는 헌법에 위배된다고 반대한 인물이었다. 이렇게 1949년 7월 새로 구성된 반민족행위 특별조사위원회는 친일파 청산을 반대했던 세력에 의해 이끌리는 유명무실한 조직이 되고 말았다.

특별검찰부도 1949년 7월을 기점으로 성격이 바뀌었다. 권승렬, 노일환, 곽상훈, 김웅진, 서용길 같은 친일파 청산에 적극적인 인물들이 총사퇴하고, 윤원상, 김익진, 조병한, 정광호, 홍익표 등 친일파 청산에 소극적이거나 반대한 인물들이 새로 선출되었다. 특히 김익진은 일제강점기 지방 판사로 활동한 경력자로, 대표적인 친일 문인 이광수를 불기소할 것을 지속적으로 주장하면서 석방을 요구했던 인물이었다.

새로 구성된 특별검찰부는 1949년 7월 이후 기소는 거의 하지 않고, 대부분 기소를 유예하거나 불기소 결정을 했다. 특별검찰부에서 1949년 7월과 8월에 취급한 사건은 총 38건이었는데, 이중 37건을 불기소 처리하고 단 1건만을 기소 처리했다. 불기소 이유는 대부분 "증거 부족"이었다. 그리고 나머지는 극히 형식적인 절차만 밟고 모두 "무혐의"로 처분한 것이다.

특별재판부도 예외는 아니었다. 특별재판부에서도 김장열과 홍순옥 같은 소장파 의원들이 사임하고, 강세형과 윤원상 등이 새로 임명되었다. 강세형과 윤원상은 일제강점기 판사와 검사로 활동한 친일 경력자였다. 이후 특별재판부는 대부분 무죄 판결을 내리면서 친일파 재판을 마무리했다.

결국 반민특위는 1949년 7월을 경계로 구성원의 성격이 완전히 바뀌며 유명무실한 기구로 전락하고 말았다.

반민특위 해체

새로 선출된 이인 체제는 친일파 조사보다는 반민특위 활동을 마무리하는 것을 목적으로 했다. 1949년 7월 16일 반민특위는 제1반은 경북 지역과 전라남북도를, 제2반은 강원도, 황해도, 경기도, 충청남북도로 나누어 각 지역의 상황을 파악하고 조사한다고 보도했다. 그리고 8월 1일에는 문화·교육·종교·법률 분야, 사회·경제 분야, 사상·정치 분야 등 3개 분야로 나누어 위원들을 재배치했다고도 보도했지만, 실제로 구체적 조사 활동은 전혀 없었다.

결국 1949년 8월, 미처리된 친일파 명단을 발표하면서 친일파 조사 업무를 일괄 정리했다. 친일파 중 불구속상태에서 송치한 자는 42명, 현재 도피자는 7명, 병보석 중인 자는 57명, 혐의가 없다고 판정된 자는 34명, 기소를 유예한 자는 111명, 기소가 중지된 자는 52명, 보석을 받거나 구류로 판정된 자는 23명, 죄가 없다고 판정된 자는 10명이라고 발표했다. 대부분 도피자, 비체포자, 불구속자, 보석자 들의 명단을 공개하면서 사건을 종료한 것이다.

그리고 공소 시효가 끝난 1949년 9월 5일 중앙청 제1 회의실에서 이승만 대통령, 국무총리, 국회의장, 반민특위 위원들이 모여 반민특위 도 조사부도 폐지한다고 결정했다. 도 조사부가 조직된 지 8개월 만에 전국 지방 사회 친일파 조사도 더는 할 수 없도록 한 것이다. 그리고 1949년 9월 22일에는 특별조사위원회, 특별재판부, 특별검찰부 같은 반민특위 모든 조직을 전부 해산하고, 기존 특별검찰부의 업무는 대검찰청이, 특별재판부의 업무는 대법원이 담당한다는 '반민법 폐지안'을 통과시켰다. 이로써 반민특위 조직은 완전히 역사 속으로 사라졌다. 일부 의원들이 사건을 처리하지도 않고 법을 폐지하는 것은 이해하기 힘들다면서 특별법만은 존속할 것을 주장했지만, 또 일부 의원은 반민특위가 용두사미로 끝났는데 특별법까지 개정하여 대법원에 이관하는 것은 부당하다고 비판도 했지만, 결국 반민법은 완전히 폐지되었다.

여기서 주목할 것은 이승만 정권이 반민특위 해체, 반민법 폐지만으로 끝나지 않았다는 사실이다. 1950년 6월 한국전쟁을 계기로 반민특위 활동에 적극적이었던 정치 단체나, 소장파 의원들이 참여하고 있던 정당도 해체하기 시작했다. 전쟁 중이던 1950년 10월 14일 이승만은 국무회의에서 자신의 반대 세력을 '좌익 단체'로 규정하고 대대적인 해산을 결의했다. 백범 김구의 한국독립당, 조소앙의 사회당, 김원봉의 민족혁명당, 김약수의 조선공화당도 모두 좌익 단체로 규정하고 해산시킨 것이다.

조선공화당은 특별조사위원회 부위원장인 김약수가 당수로 있었던 정당이다. 사회당은 조소앙을 당수로 김병회, 김경배 같은 친일파 청산에 적극적인 소장파 의원들이 대거 참여해 있었다. 한국독립당은 백범 김구와 민족주의 세력들이 만든 정당으로 대한민국 임시정부의 핵심 조직이기도 했다. 그리고 민족혁명당은 김원봉이 당수로 있었는데, 김원봉과 민족혁명당은 영화 〈암살〉에서도 나온 대표적인 친일파 암살 단체이기도 했다.

당시 증언들에 의하면 반민특위 해체 후 이승만 정부는 거기서 그치지 않고 반민특위 요원들에게 보복도 했다고 한다. 경상남도 김철호 조사관의 후손인 김용인의 증언에 따르면, 1950년 8월 14일 당시 괴청년 3인이 김철호를 연행해서 통영 경찰서에 수감했다고 한다. 그리고 수감 중에 김철호 선생은 고문을 받다가 사망했다. 사망 이유와 정확한 사망 날짜는 경찰에서 확인시켜 주지 않았는데, 당시 통영 경찰서에는 반민특위에 체포되었던 노덕술이 근무하고 있었다. 그 뒤 유족들은 통영 경찰서에 수감된 1950년 8월 14일을 사망일로 여기고 이날 제사를 올리고 있다고 한다.

당시 김철호 선생을 연행한 괴청년 3명 중 한 명은 노덕술이고, 또 다른 한 명은 이후 국무총리까지 올라간 노○○이었다고 한다. 사실 여부는 명확하지 않지만, 당시 상황을 감안하면 한국전쟁이라는 혼란한 틈을 타서 반민특위에서 활동했던 사람들을 친일파들이 역으로 숙청한 것으로 볼 수 있다. 친일파들로서는 자신들을 체포하고 지속적으로 처벌하려 한 반민특위 요원들을 결코 용서할 수 없었던 것이다.

그 뒤로도 친일파와 이승만 정부의 만행은 지속되었다. 혹시라도 남아 있을 수 있는 친일파의 흔적, 즉 반민특위에서 조사받거나 재판받았다는 사실마저도 제거하려 한 것이다. 제거 작업은 전쟁 중인 1951년까지도 계속되었다. 이승만은 1951년 2월 국무회의를 개최해서 "폐지된 반민법에 의한 판결은 효력을 상실한다"며 친일파들이 재판받은 흔적을 완전히 지웠다. 그리고 공소가 남아 있는 사건도 모두 "공소 취소"를 시켜, 친일파로 '판결' 받은 사실마저도 모두 없애 버렸다. 이로써 모든 사실이 지워져서 친일파 청산 문제는 역사 속에 묻혔다.

하지만 4·19 혁명과 한일회담을 거치면서 친일파 문제 인식이 다시 시작되었다. 1970년, 80년대 민주화운동을 거치면서는 시민사회 인식이 확대되며 친일파 문제가 더욱 본격적으로 다루어졌다. 어떤 의미에서 친일파 청산 인식은 한국 민주화운동의 발전과 그 궤를 같이하면서 성장했다고 볼 수 있다. 권위주의 세력, 특권 세력들은 친일파 문제를 덮으려 했지만 민주화운동 세력, 시민 단체 세력들은 친일파 문제를 드러내서 대한민국을 상식적인 정상 국가로 만들려고 노력해 왔다. 더 나아가 최근에는 한국의 왜곡된 법체계를 만든 일제강점기 법 기술자들과 잘못된 법조계의 뿌리를 살펴보고, 그들까지도 제대로 평가하고 청산해야 한다는 문제의식으로 확대되어 가고 있다. ◉

이승만과 1949년 《국무회의록》의 진실

친일파 청산 문제는 이승만 대통령에게 가장 큰 현안 중 하나였다. 이승만으로서는 친일 경력자들의 제거가 곧 정권의 기반을 붕괴시키는 결과로 이어질 수 있었기 때문이다. 이런 이승만의 입장은 국무회의에서도 수차례 확인되고 있다. 여기서는 이승만 정부의 반민특위에 대한 인식을 당시 국무회의를 기록한 《국무회의록》을 통해 살펴보고자 한다.

현재까지 확인된 《국무회의록》은 1949년도 기록이 가장 오래되었다. 정부는 1948년 8월에 수립되었지만 1948년도 《국무회의록》은 확인되지 않는다. 그래서 현재까지 알려진 가장 오래된 《국무회의록》은 1949년 것이 유일하다. 1949년도 국무회의는 1949년 1월 3일 제1회 개최를 시작으로 1949년 12월 31일까지 총 116회를 개최했고, 반민특위가 해체되는 8월 말까지는 총 80회가 개최되었다.

1949년 국무회의 중 반민특위와 관련한 이승만의 지시나 각급 장관의 보고는 총 31건이 확인된다. 횟수로만 보면 1949년 국무회의 3번 중 1번은 반민특위나 친일파 문제를 논의했다는 뜻이다. 대단히 많이 논의됐다.

노덕술 관련 논의나 지시가 2건, 반민법 제5조 관련 지시가 8건, 반민법 개정 필요성 논의나 지시가 15건, 반민특위 예산과 반민특위 습격 사건 관련 내용이 각각 1건, 그리고 기타 6건 등으로 반민법 개정부터 반민법 제5조, 즉 정부 공직자 중 친일파 숙청에 관한 내용이 대부분을 차지했다.

반민법 개정 관련 내용은 주로 반민법 개정 필요성에 대한 내부 논의와 이승만 대통령의 지시 등이고, 이를 제외하면 1949년 《국무회의록》에서 가장 많이 논의된 내용이 '반민법 제5조'이다. 반민법 제5조는 정부 관료들 가운데 친일파에 대한 처벌 조항이다. 친일 연구자 임종국 선생의 연구에 의하면, 이승만의 제1 공화국 각료 중 34.4퍼센트가 친일 경력자였다고 한다. 이런 상태에서 친일 경력자를 숙청하려 하자 이승만은 정부 차원의 대책을 논의한 것이다. 1949년 국무회의 중 총 8번이나 논의할 정도로 많이 논의됐다.

우선 1949년 1월 7일 《국무회의록》에는, 국무총리를 필두로 총무처 장관, 대검찰청장, 그리고 대법원장 등 행정부와 사법부의 핵심 관료들이 모여 반민법 제5호 해당자에 대한 대책 회의를 개최했다고 기록되어 있다. 그리고 1949년 2월 4일에는 이승만이 국무회의에서 직접 "반민법 제5조 해당자를 비밀리에 조사해서 선처하라"는 지시를 내린 사실이 확인된다. 아마 국무총리를 비롯하여 정부 각료들의 내부 검토 방향이 '형식적 조사'와 '선처'로 나온 듯하다. 흥미로운 것은 이승만의 조사 지시나 선처의 구체적인 내용을, 외부에 알려지지 않게 밀봉된 서신 형식으로 '비밀리에' 관계 부처에 하달했다는 사실이다.

보통 대통령의 지시는 구두로 전달되거나 결재 문서로 전달되는데, 이 건에 대한 지시는 '밀봉된 서신'으로 '비밀리에' 전달하라는 것까지 기록되어 있다. 왜 이렇게 밀봉까지 해서 비밀리에 전달한 것일까. 이승만이 친일파들을 조사는 하되, 모두 '선처'한다는 내부 방침을 이미 내려놨기 때문이었다. 그런데 이 사실을 국민들이나 반민특위가 알게 된다면 대대적인 비판을 받을 것이기 때문에 은밀하게 전달한 것이다. 이는 매우 중요한 사실이다. 대통령이 친일파를 처벌하지 않겠다는 직접적인 지시문이 이 서신에서 처음 확인되었기 때문이다.

이승만의 지시에 따라 총무처는 '선처' 대상자에 대한 사전 조사서를 작성했다. 그런데 총무처의 반민법 제5조 해당자에 대한 조사서는 성명, 생년월일, 본적, 주소, 현재 근무지처럼 극히 형식적인 내용만 담겼다. 죄명도 기록되지 않았다. 주한 미국 대사는 당시 정부 조사에 대해 반민법 해당자, 즉 친일 경력이 있는 공직자 수와 그들의 직위 등을 파악하는 정도의 단순 조사였다고 평가했다.

그런데 선처를 목적으로 한 '단순' 현황 파악마저도 관계 기관에서 탄원이 빗발쳤다. 각 부처에 있던 친일 경력자들이 대대적으로 반발한 것이다. 이에 내무장관 윤치영은 이승만에게 사실을 알리고 추가 대책 마련을 건의했다. 그리고 2월 9일 국무회의에서 이승만은 "반민법 제5조 해당자에 대해 전국적인 조사를 취소하라"는 지시를 다시 하게 된다. 형식적인 조사마저도 정부 스스로 접은 것이다. 그 뒤 총무처는 공보부를 통해 공무원들은 어떤 조사나 해임도 하지 않을 것이라고 발표하면서 상황을 무마했다. 주한 미국 대사는 한국 정부가 "말과 행동"으로 반민특위 활동을 막고 있었고, 공직자들은 "친일 행위에 대한 혐의"를 풀려고 하기보다는 단지 숙청 시기를 연기하려는 분위기였다고 판단했다.

이런 상황에서 이승만이 정부 친일파 처리 문제를 반민특위와 타협해서 정치적으로 해결하려고 시도한 것도 확인되었다. 《국무회의록》에 의하면 4월 4일 윤치영 내무부 장관은 〈반민특위와의 교섭의 건〉을 보고하면서, 정부와 반민특위가 합동 좌담회를 개최해서 서로 협력할 것을 합의하고, 정부 관료 가운데 친일 경력자들 조사 내용을 반민특위에서 통고해 주면 정부가 알아서 자체적으로 처리할 것이며, 반민특위는 정부 공직자들 조사는 직접 하지 않기로 합의했다고 했다.

사실 반민특위는 1949년 1월 14일 이승만에게 반민법 제5조 해당자를 1월 31일까지 공직에서 자진 추방시킬 것을 요청했다. 하지만 정부에서 특별한 조치가 없자, 2월부터 3월 사이 친일파 관료 숙청 요구를 했다. 그러자 정부에서도 국회 내 친일 경력자를 자가 숙청할 것을 요구했다. 국회의원은 하지 않으면서 왜 정부 관료들만 처벌하려 하냐고 협박한 것이다. 이로 인해 정부와 반민특위 간의 '합동 좌담회' 합의 사항에는 정부 친일파 숙청 문제만 아니라 국회의 자가 숙청 문제도 포함되었다.

그럼 반민특위는 이 정부안을 진짜 받아들였을까? 받아들였다면 왜 받아들였을까? 사실 정부 협의안은 반민특위에 대한 정부의 '압력'이 반영된 결과였다. 제헌국회 의원 중에도 친일 경력자들이 많았다. 그래서 반민법을 만들 때 국회에서도 자가 숙청 문제가 수차례 논의되고 심지어 조사까지 했지만, 실제 처벌은 하지 못했다. 반민특위가 국회 친일파 숙청도 제대로 단행하지 못한 상태에서 정부 친일파 숙청을 지속적으로 요구하자, 정부에서 이 문제를 들고 나온 것이다. 결국 국회에서도 정부 측 타협안을 받아들일 수밖에 없었다. 여기서 중요한 점은 이승만 정부는 정부 친일파를 처음부터 청산할 생각이 전혀 없었고 오로지 무마할 목적만으로 정치적인 타협안을 마련했다는 사실이다. 그리고 반민특위가 해체될 때까지 정부의 자가 숙청은 단 1건도 이루어지지 않았다.

한편, 1949년 《국무회의록》의 반민특위 기록 가운데 주목되는 것이 노덕술 관련 내용이다. 이승만의 노덕술에 대한 애정은 각별했다. 1949년 1월 25일 노덕술이 반민특위에 체포되자, 이승만은 1월 28일 국무회의에서 "노덕술은 치안 기술자이기 때문에 정부가 보증을 해서라도 석방시켜야 한다"고 지시했다. 노덕술이 체포되자 불과 3일 만에 국무회의까지 개최해서 노덕술을 "정부가 보증"해서라도 석방시킬 것을 지시한 것이다. 대통령이 특정 인물을 국무회의까지 개최해서 몇 차례나 언급한 경우는 거의 없었다. 그런데 노덕술만은 예외였다.

2월 11일 국무회의에서는 이인 법무부 장관이 반민특위에서 노덕술을 체포할 때, 노덕술을 형무소가 아니라 반민특위 사무실 안 금고에 수감했다고 보고했다. 명백히 거짓이었다. 이승만은 "반민특위의 무분별한 난동은 치안과 민심에 중대한 영향을 주는 것으로 단호한 대책을 강구하라"고 지시했다. 그리고 노덕술을 체포, 감금한 반민특위 관계자를 법적 절차를 밟아 처벌할 것도 함께 지시했다.

그 뒤에도 이승만의 노덕술 석방 노력은 계속되었다. 2월 중순에는 김상덕 반민특위 위원장과 반민특위 위원들을 초청해서, 반민특위에 차량을 지원하는 조건으로 노덕술을 석방시켜 줄 것을 요청하기도 했다. 겨우 서울시 수사과장이었던 노덕술의 석방을 위해 대통령이 국무회의까지 개최해서 직접 석방 대책을 지시하고, 법무부 장관이 사실 자체를 왜곡하면서까지 반민특위를 압박한 것이다. 1949년《국무회의록》기록은 이승만 대통령에게 서울시 경찰, 그리고 경찰의 상징이었던 고문왕 노덕술이 그만큼 '특별'한 존재였다는 사실을 다시 한번 보여 주고 있다.

1949년《국무회의록》에는 이승만과 당시 정부의 친일파 청산 방향과 의지가 명확히 나타난다. 정부의 최고 의결 기관이었던 국무회의에서 이승만을 비롯하여 각 부처 장관들이 친일파 청산을 어떻게 인식했는지, 친일파를 처벌하지 못하도록 어떤 정책을 취했는지, 그 추악한 '진실'을 1949년《국무회의록》이 보여 주고 있는 것이다.

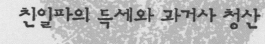

친일파의 득세와 과거사 청산

과거사 문제만으로 보자면, 대통령 한 명이 바뀐다고 한국 사회가 바뀌지는 않는다. 수십 년 동안 만들어진 왜곡되고 특권화된 한국 사회의 변화에는 대통령 한 명뿐만 아니라 대한민국 모두의 관심과 노력이 있어야만 한다. 그래야만 비로소 변화가 가능하다.

정계와 관료로 진출한 친일파들

반민특위에 체포되었던 친일파들은 반민특위가 해체된 후 어떻게 되었을까? 이들은 무죄로 석방된 후 반민특위에서 체포되거나 판결을 받았다는 흔적과 이력도 모두 없어지고 지위에도 전혀 변화가 없었다. 오히려 더 잘나가기도 했다. 이들 친일파는 정계로 진출하거나 관료가 되기도 했으며, 일부는 경제계나 교육계, 문화계 같은 사회 각 분야로 진출해 곳곳에서 대한민국 사회를 장악해 갔다. 여기서는 반민특위에서 체포되었던 친일파들 중심으로 각계로 진출한 친일파들의 행보를 살펴보기로 한다.

먼저 정계를 살펴보면 친일파들 상당수가 해방 후 미군정을 등에 업고 정계에 재진출했다. 출신도 다양해 친일 단체나 경찰, 관료, 법조계, 경제계 출신부터 변절한 독립운동가까지 있었다.

친일 단체 출신 임흥순은 반민특위에서 풀려난 후 제2대, 제3대

국회의원이 되었다. 그리고 1956년 이승만이 자유당을 만들 때 자유당 중앙 상임위원장으로 임명되었고, 1959년에는 서울시장까지 역임했다. 역시 친일 단체 출신 오정방은 1946년 육군사관학교 교장으로 임명되었다가 1948년 5·10 선거에 출마했고, 친일 경찰 출신 김영호는 해방 직후 대한청년단에서 활동하다가 제2대 국회의원이 되었다. 일제강점기 군수 출신 윤길중은 1948년 정부조직법 제정을 위한 전문위원으로 활동하다가 제2대 국회의원이 되고, 역시 군수 출신 오의관도 제2대 국회의원이 되었다.

대표적 친일 기업가 신용항은 제2대와 제3대 국회의원이 되었고, 친일 문인 주요한도 1958년 국회의원(민의원)이 되었다. 그뿐만 아니라 법관 출신 양제박은 1949년 5월 제주도 보궐 선거에 출마했고, 역시 변호사 출신 신태악은 1952년 자유당 창립준비위원, 1953년 자유당 감찰위원장 등에 임명되었다.

당시는 해방된 지 얼마 되지 않았기 때문에 지역 사회에서는 그들의 친일행위를 너무도 잘 알고 있었다. 그런데도 국민을 대표하는 국회의원으로 출마하고 정계에 진출하겠다니 그 발상 자체가 일반적이지는 않다. 친일파들은 주변의 부끄러움을 전혀 모르는 존재들이었다. 그런 이들이 한국 현대 정치사의 첫 단추를 끼웠다. 이들이 이승만이나 한민당 계열의 보수 정당에서 활동하면서 대한민국 보수 정당의 뿌리가 된 것이다.

반민특위에 체포된 상당수 친일파들은 정부 관료로도 진출했다. 친일 목사 양주삼은 반민특위가 해체되자마자 1949년 대한적십자사 총재로 발탁되었다. 이승만은 반민특위가 양주삼을 체포할 때도 "양주삼 목사의 체포는 '국제적인 망신'이다", "양주삼 목사는 애국자이고 양심적인 사람이다"라고 하면서 양주삼에 대한 다양한 석방운동을 직접 전개하기도 했다.

경무국장 출신 진헌식은 1951년 충청남도 지사, 그리고 1952년 내무부 장관을 역임하며 반민특위 와해 뒤 오히려 더 "잘나갔다". 일제강점기 광주 지방법원 서기로 있던 양제박도 1950년 제주도 도지사로 취임했다. 친일 경찰서장 이익흥도 반민특위 와해 뒤 경기도 지사와 내무부 장관을 역임했고, 민영환의 동생 민영찬은 반민특위에 체포되었지만 1949년 4월 이승만이 한불문화협회 고문으로 임명했다. 반민특위 조사를 받는 와중에도 임명한 것이다.

이승만은 관료를 발탁하는 데 친일 경력을 전혀 고려하지 않았다. 중추원 참의 출신 김경진도 1950년 1월 상공위원회 위원으로 발탁되었다. 주요한은 국회의원에 이어 1960년 상공부 장관, 1961년에는 대한일보사 사장을 역임했고, 역시 친일 언론인 출신 이창수도 이승만의 외교 활동을 지원하려고 결성된 민족대표외교사절후원회의 이사로 활동했다.

이렇게 대한민국 관료 사회의 첫 출발은 친일 경력자들이 장악했다. 이들은 대부분 국민들에게는 공분을 샀지만, 권력층에는 매우 순응적이었다. 이로 인해 대한민국 관료 사회는 국민들을 위한 '공복'이 아니라 자신들을 임명한 '권력자'에게 충성하는 존재가 되었다. 친일 경력이 정부 관료 발탁의 흠결이 되지 않았던 것처럼, 지금

의 정부도 관료 선출 시 후보자들의 부정과 부패, 불법 따위는 전혀
고려하지 않는 것 같다.

경찰로 진출한 친일파들

경찰 출신 친일파들도 미군정기부터 경찰 고위직으로 활동했고,
반민특위 와해 뒤에는 이승만 정부에 의해 다시 경찰의 주요 요직
을 장악했다. 역시 반민특위에 체포된 인물들만 살펴보자.

잘 알려진 노덕술 등을 제외하더라도 친일 경찰 하삼식은 반민특
위 와해 뒤 제주 경찰청 국장으로 승진하고, 이후 해양경찰대장으
로 활동했다. 일본 헌병 출신 우철은 종로 경찰서장, 성동 경찰서장
을 거쳐 제주도 경찰국장으로 승진했다. 이승만 대통령이 말한 '치
안 기술' 때문이었는지 경찰에서도 승승장구한 것이다.

고등계 형사 출신 이구범은 서울 중부 경찰서장, 수도 경찰청 부
청장, 강원도 경찰청 국장으로 임명되었고, 역시 친일 형사 출신 김
맹철과 이명흠은 경남 함양 경찰서장, 강원도 경찰국 청장에 임명
되었다. 친일 경찰 정주팔은 반민특위 와해 뒤 춘천 경찰서장으로
승진하는 등 반민특위에서 조사를 받거나 체포된 것이 무슨 훈장처
럼 더욱더 승승장구하게 된다.

이중 일제강점기 대구 지역 헌병 보조원 출신 박종표의 사례는
주목된다. 그는 반민특위 와해 후 부산 철도국을 거쳐 1960년에는

마산 경찰서에서 활동했는데, 1960년 3·15 부정선거 규탄 시위대에 최류탄을 실탄처럼 발사해서 김주열을 사망시킨 장본인이었다. 당시 김주열은 3월 14일 마산상고에 합격한 후 이승만 정부의 부정선거에 항의하다가 박종표가 쏜 최루탄을 맞고 사망했다. 독립운동가를 체포했던 친일 경찰이 반민특위 와해 뒤 다시 경찰이 되어서 민주화운동을 하는 학생을 사살한 것이다.

만약 친일 청산이 제대로만 되었다면 김주열은 학살되지 않았을 것이다. 이 사건은 그 뒤 4·19 혁명의 도화선이 되었다. 하지만 1987년 박종철 고문 사건과 이한열 열사 사건에서 다시 경찰들이 시위대를 사살하는 사건이 일어났다. 소위 친일파들의 '치안 기술'이 사라지기는커녕 끝없이 반복되고 있는 것이다.

안타까운 일이지만 대한민국 초기 경찰은 독립운동가를 체포했던 친일 경찰이 자리를 차지했다. 이들은 일본 총독부의 통치 도구에서 정부 수립 후에는 이승만 정권의 수족으로 위치를 바꾸었다. 소위 일제강점기 치안 기술을 가지고 '민중의 지팡이'가 아니라 '집권층의 물리력'으로 작동한 것이다. 친일 경찰들이 일본 총독부에 의해 지휘를 받던 정치 경찰이었던 것처럼, 당시 경찰도 내무부에 의해 지시를 받는 정치 경찰이었다. 그러다가 1987년 박종철 사건 이후 경찰은 스스로 반성하고 내무부(지금의 행정안전부)에서 독립했지만, 최근 다시 행정안전부 산하로 들어갔다. 역사가 다시 뒤로 가는 듯하다. 그들이 다시 정치 경찰의 길을 갈지는 지켜봐야 할 것이다.

정경 유착

경제계 상황도 비슷했다. 친일파들은 여전히 처벌받지 않은 채 한국 경제의 핵심에 있었다.

반민특위 1호로 체포된 박흥식은 이승만 정부 당시 미국 경제협력처장이 방한할 때 한국 경제계 대표로 참석했는데, 이 회의에는 박흥식을 비롯해 국무총리와 외무부 장관, 상공부 장관이 참석했다. 1950년에는 한국 최초의 판유리 공장을 인천에 착공하고 1955년 신신백화점을 설립했으며, 화신백화점을 다시 복구하기도 했다. 5·16 쿠데타 직후에도 박흥식은 박정희의 경제재건촉진회 발기인으로 참여했고, 1970년대에는 일본 소니와 합작 회사를 건립하며 1970년대까지 한국 경제계의 핵심 인물로 활동했다.

박흥식과 함께 군수품 생산 책임자로 활동했던 백낙승은 반민특위 와해 뒤 태창직물을 설치하여 활동을 했고, 밀정 출신 방규환은 1949년 12월 실업동지회 회장으로, 상공회의소 산업계 대표로 활동했다. 김연수는 경성방직과 삼양사 사장이 되어 1952년 삼양통상주식회사를 추가 설립하고, 5·16 쿠데타 직후인 1961년에는 한국경제협의회(현 경제인연합회) 초대 회장에 선임되었다. 신용항은 이승만의 각별한 지원 속에서 한국민항공사를 건립하여 대한민국 최초의 민간 항공사를 운영했으며, 만주국 촉탁 출신 진학문은 1952년에는 한국무역진흥공사 부사장, 1963년에는 전국경제인연합회 상임 부회장 등을 역임했다.

부와 권력을 위해 일본 총독부와 결탁한 경제인들이 해방 직후에는 미군정과, 대한민국 정부 수립 후에는 이승만 정부와 결탁했고, 5·16 쿠데타 이후에는 박정희 정권과 결탁해서 한국 경제를 이끌었다. 정치와 경제가 결탁하는 이른바 '정경 유착'이라는 한국 경제의 왜곡된 형태가 이들에 의해 만들어졌던 것이다.

사회단체로 진출한 친일파들도 많았다. 특히 관변 단체는 밀정이나 친일 경찰 출신들이 많이 만들었다. 해방 직후 청년 단체들을 통합한 '대한청년단'이 만들어지자 이승만은 "필요한 경비를 적극적으로 지원하고 협조"해 달라고 요청하는 담화까지 발표한다. 사실이 대한청년단은 종로 경찰서 고등계 형사 출신 김영호, 김술 같은 상당수 친일파들이 참여한 이승만의 사조직이었다. 친일 단체 출신 장인달도 대한청년단 경상남도 단장에 취임했고, 친일 문인 김동환은 대한청년단 충북 단장을 역임했다.

충청남도 지사 출신 이성근은 비슷한 대동청년단을 결성했고, 《매일신문》기자 출신 이창수는 이승만의 외교 활동을 지원하는 민족대표외교사절후원회의 이사로 활동하는 등 밀정과 경찰 출신들이 사회단체에서 활동하면서 이승만 정권의 팔과 다리가 되었다.

특히 이들은 정치 자금이나 건국 자금이라는 명목으로 집권층에 돈을 제공하기도 했다. 대표적인 단체가 대한경제보국회였다. 대한경제보국회는 이승만의 비서 이정을 통해 만들어진 조직으로 관동군 밀정 출신 편덕열과 판사 출신 김영환 등이 조직한 단체였다.

애국금헌성회도 '정치 자금 모금', '건국 자금 지원'을 목적으로 조직되었다. 친일 경찰 출신 이중화와 이만수 등이 참여했고, 일제강점기《매일신보》편집부장 출신 정인익, 친일 단체 출신 오긍선도 참여했다. 이승만 대통령을 후원하기 위해 만든 건국기금조성회도 중추원 참의 출신 홍종철이 참여해서 만든 조직이었다.

이렇게 반민특위에 체포된 친일파들은 이승만에게 정치 자금을 제공한 주역이 되었다. 한국 사회의 병폐인 돈과 권력의 결탁이 애국금, 건국 자금이라는 명목으로 제공된 것이다. 최근 '정치 자금'이라는 미명하에 다양한 형태로 정치권에 돈을 제공하는 경향이 이미 해방 직후 친일파들에 의해 만들어졌다.

교육, 문화계로 진출한 친일파들

교육계 상황도 비슷했다. 중추원 참의를 역임했던 김원근은 해방 직후 청주대학, 청주초·중·고등학교를 설립해서 1964년 문화훈장까지 받았고, 친일 목사로 유명한 김길창은 반민특위 해체 후 부산에서 대동중학교, 1962년에는 금성학원, 부산연합신학교 등을 설립하면서 학교 재단 재벌로 활동했다. 일제강점기 세브란스의학대학교 교장 출신이었던 오긍선은 서울여자의과대학 재단 이사와 기독교청년회 이사를 역임했고, 일본 불교화운동을 추진했다가 반민특위에 체포된 권상노는 1949년에 동국대학교 교수로 재직했다. 일제강점기 부회의원 출신이었던 김형익은 정부 수립 후 대한의학협회 이사장으로 활동했고, 경무국장 출신 진헌식은 반민특위가 와해된 후인 1952년 충남대 학장으로 활동했다.

특히 교육계는 친일파를 비호한 사람들이 유독 많았다. 앞서 나왔듯 고려대학교 총장 현상윤은 거물 친일파 김연수의 결백을 주장했고, 연세대학교 총장 백낙준과 이화여대 총장 김애마, 배화여자 중학교 이사장 민병도도 신사 참배를 강요했던 양주삼의 증인으로 나와 앞다투어 그의 무죄를 주장했다. 그리고 이화여대 교수 장선희는 독립운동가를 밀고했던 오현주의 증언으로 나오는 등 대학 교수나 학장들이 친일파의 무죄를 위해 앞장서서 나왔다. 공정해야 할 지식인이 부와 권력에 줄을 선 것이다.

문화계도 친일파들이 장악했다. 친일 언론인 출신 김기진은 반민특위 와해 뒤 1960년 《경향신문》 주필, 1966년에는 재건국민운동 중앙회 회장, 1969년에는 한국문화협회 고문을 역임했다. 밀정 출신 김창집은 해방 직후부터 조선출판문화협회 회장으로 활동했고, 친일 문인 주요한은 정부 수립 후 대한문화인협회 위원, 한국문학가협회 위원으로 활동했으며, 친일 기자 출신 정국은은 《국제신문》 편집국장을 거쳐 1950년대에 《연합신문》 동경 특파원으로 활동했다. 친일 목사 이동욱은 조선소년체육협회 이사로 활동했고, 중추원 참의 출신 하준석은 조선승마협회 이사 등으로 활동했다. 정치지향적인 언론인, 권력 지향적인 문화인들의 모습을 이미 이때부터 확인할 수 있다.

이렇듯 친일파들은 본능적으로 언제 어디서나 '양지'만을 찾아갔다. 그들에게는 상대가 일본이든, 미군정이든, 권위주의 정부이든 전혀 중요하지 않았다. 오직 자신들의 부와 권력에 도움이 된다면 누구든 상관없이 결탁했다. 미군정과 이승만, 박정희 정부는 그들의 속성을 너무도 잘 알고 있었고 서로 필요에 의해 활용했다. 그과정에서 이들은 한국 사회의 특권층이 되거나 집권층이 되었고, 그들만의 카르텔을 형성했다. 중요한 것은 그들이 대한민국 각 분야의 첫 출발에 참여했으며, 더 나아가 대한민국의 왜곡된 틀을 만들어 갔다는 사실이다.

친일파 청산과 과거사 청산의 노력

그 뒤 친일파 청산 활동은 어떻게 되었을까? 안타깝지만 대한민국 사회는 반민특위 와해 뒤 오랫동안 친일파 청산 문제는커녕 '친일파'라는 말이나 이에 대한 연구조차 금기시되었다. 1949년 이후 1960년대까지 한국 사회에서 반민특위 문제, 친일파 문제는 잊힌 대상이었다. 일부는 알고 있을 수 있어도, 설령 알고 있더라도 친일파 문제를 외부로 표현되거나 연구하지는 못했다.

당시 한국 사회에서 친일 세력은 부와 권력의 핵심에 있었다. 심지어 민주 세력, 민족주의 세력에다 공산주의자와 싸운 애국자로 둔갑해 있었고 일부는 존경까지 받았다. 실제로 지금도 친일파들이 대한민국을 건국한 독립 유공자로 예우를 받는 경우가 많다. 그렇기 때문에 이들을 공격한다는 것은 공산주의자와 싸운 애국자를 매도하는 행위가 되었고, 대한민국 정체성을 붕괴시키는 반국가적 인사로 비판받거나 여러 위험을 감수해야만 했다.

그러다 1965년 한일회담을 계기로 친일파 문제가 다시 논의되기 시작했다. 친일 연구자였던 재야 사학자 임종국 선생이 한일회담을 계기로 1966년 《친일문학론》을 발간하면서 다시 시작된 것이다. 반민특위 이후 최초의 친일파 연구였다. 당시 지식인들에게 1965년 한일회담은 과거 일제강점기처럼 다시 아시아를 재패하기 위해 군국주의를 일으키고 있었던 일본과 친일파의 악수로 비추어졌다. 실제로 박정희는 일본 육사 출신이었고, 5·16 쿠데타 직후 미국을 방문할 때 육사 출신이라는 자신의 이력을 당당히 보낼 정도로 박정희에게 일본은 '각별한 국가'였다. 일본에서도 박정희가 대통령이 되었다고 했을 때, 자신들의 세력이 대한민국 대통령이 된 것이라 생각해 매우 긍정적으로 평가했다고 한다.

이런 상태에서 임종국이 《친일문학론》을 통해 일제 말기 친일 문인들의 행적을 처음으로 다루면서 친일파 문제를 세상에 알렸다. 그나마 이런 연구가 나올 수 있었던 것도 임종국이 재야 학자 출신이었기 때문이다. 정통 학계에서는 친일 문제를 연구한다는 것이 불가능했다. 학계에서 살아남기 위해 정통학계 출신이라면 이런 연구를 할 수 없었고, 학계에서도 용납하지 않았다. 안타깝지만 그것이 당시 우리 대한민국 학계의 모습이었다.

그 뒤 친일 문제 연구가 확대된 것은 1980년대부터였다. 1980년 박정희 정권의 붕괴, 광주 민주화운동과 6월 민주항쟁 같은 사회 민주화운동이 활발해지면서 점차 친일파 문제, 반민특위 문제에 대한 연구도 나오기 시작한 것이다. 특히 이 시기에는 친일파 문제를 미군정의 대한 정책과 연결시켰다. 그전까지만 해도 미국은 우리의 무조건적인 우방이라는 인식이 있었는데, 광주 민주화운동을 거치면서 해방 직후 친일파 등용도 미국의 대한 정책과 무관하지 않다는 연구가 나오기 시작한 것이다. 물론 그 뒤에는 미국의 소장파 학자들의 연구도 많은 영향을 미쳤다.

그러다가 학문 연구를 뛰어넘어 친일파 청산 문제를 사회 문제로 본격적으로 논의하기 시작한 때는 반민특위가 와해되고 50여 년이 지난, 그리고 임종국의《친일문학론》이 나온 후 30여 년이 지난, 2000년대에 들어서였다. 권위주의 정권이 붕괴되고 민주 정부가 들어서면서 비로소 정부와 시민 사회를 중심으로 친일파 문제를 본격적으로 논의한 덕분이었다.

논의의 수준과 범위도 그전과는 비교가 안 될 정도로 성장했다. 그 가운데 하나가 시민 단체를 중심으로 한《친일인명사전》의 편찬이었다.《친일인명사전》편찬은 일찍부터 논의되었지만, 방대한 자료 정리를 위한 예산과 인력 같은 문제로 추진되지 못했는데, 노무현 정부가 들어서면서 본격화되었다.

노무현 정부는 이 사업을 위해 5억 원 정도의 예산을 편성해서 2003년 12월 국회에 제출했다. 그런데 국회에서 편찬 예산을 모두 삭감했다. 국가 예산으로 5억은 극히 적은 돈이었지만, 이마저도 국회는 용납하지 않았다. 아마 돈도 돈이지만 친일파를 지목하는 사전을 국회가 인정한다는 사실을 더 용납하지 못했을 것이다. 이에 시민 단체들은 2004년부터 모금운동을 전개해서 국민들의 성금을 기반으로 2009년 말까지 총 4,776명 친일 인물을 조사해《친일인명사전》을 발간하게 되었다.《친일인명사전》의 편찬은 친일파 문제를 사회 문제로 부각시키고, 늦었지만 친일파를 역사적으로나마 평가할 필요성이 있다는 인식을 전 국민에게 확산시켰다.

이 과정에서 보수 단체들은 자신들의 명예가 훼손되었다면서 고소, 고발을 하기도 했다. 심지어 친일파가 독립 유공자로 이미 둔갑까지 한 상태였기에, 친일파를 친일파라고 지적하는 것은 그만큼 복잡한 문제였고 그 자체가 법적 다툼의 대상이 되었다. 보수 국회의원, 교수, 더 나아가 독립 유공자 같은 사회 주요 인사들은 친일파 문제를 거론하는 것 자체를 갖은 궤변으로 반대했다.

그 뒤 친일파 조사를 위해 국회는 2004년 3월 22일 '일제강점하 반민족행위 진상규명에 관한 특별법'을 제정하고, 2004년 8월 15일 노무현 대통령은 "친일 반민족행위자에 관한 진상규명 특별위원회 설치"를 제안했다. 그리고 이 법에 따라 2005년 5월 '친일 반민족행위 진상규명위원회(친일 진상규명위원회)'를 발족했다. 이때도 보수 세력들은 반민특위 조직 당시와 비슷하게, 반민족행위규명법 개정이나 진상조사위원회 구성이 "북한의 개입이 의심된다"는 식의 '색깔론'을 어김없이 등장시켰다. "21세기 판 마녀사냥이다", "전 국민을 친일파로 만드는 망민법", "국민을 분열시킨다"라는 비판도 나왔다. 모든 것이 1948년 반민법을 만들 때 나온 논리랑 너무도 비슷했다.

대통령 소속으로 만들어진 친일 진상규명위원회는 2005년 5월부터 2009년 11월까지 활동하면서 총 1,006명 친일 반민족행위자를 확정하고 발표했다. 물론 이 명단은 친일파의 극히 일부만 조사한 것이었지만, 그나마 이 정도라도 할 수 있었던 것도 국민들의 열망과 당시 노무현 정부의 적극적인 지원이 있었기 때문이다.

이런 열기 속에서 친일파들 재산을 환수하는 문제도 논의되었다. 친일파 재산 환수의 필요성은 이미 2000년 이전부터 나오고 있었다. 1997년 이완용의 증손이 이완용의 재산을 반환해 달라는 소송을 벌이고 법적으로 승소까지 하자, 친일파들의 재산 환수 문제가 사회적 문제로 확대된 것이다. 친일 행위로 부와 권력을 축적한 친일파들이 처벌은 고사하고 그 재산을 대를 이어 계승한다는 사실을 국민들은 받아들이기 힘들었다.

이에 2006년 7월, '친일 반민족행위 재산조사위원회'가 설치되어 2010년 7월까지 친일파들의 토지를 국고로 환수시켰다. 환수한 토지는 친일 반민족행위자 168명의 2,359필지, 1,113만제곱미터에 달하는 토지로 여의도 면적의 1.3배나 되었다. 공시 가격으로는 959억 원, 시가로는 2,106억 원 정도였다.

친일파들 재산 환수는 대부분 법적 다툼이 되기 때문에 이정도 결과가 나온 것도 시민 사회를 중심으로 수년간 노력한 덕분이었다. 그만큼 한국의 시민 사회와 민주주의가 성장한 것이다. 그리고 당시 정부의 적극적인 지원도 큰 역할을 했다. 만약 당시 노무현 정부의 지원이 없었다면 이 정도 성과는 불가능했을 것이다.

　그런데도 친일파 문제가 여전히 극히 일부에서만 다루어지는 것 또한 사실이다. 친일파 문제를 두고 언론과 국회가 저항하거나, 여러 과거사 문제에 검찰과 경찰, 국정원 같은 권력 기관이 보이는 미온적 태도들도 여전하다. 정부 기관은 자료를 제공하지 않았고, 직간접적인 무시와 배제를 하는 것이 일반적이었다.

　진보 정부가 들어서도 권력 기관의 태도는 전혀 바뀌지 않았다. 노무현 정부 당시 국정원, 기무사, 검찰, 경찰 들에 자료 제공을 요청했지만, 관련 자료가 전혀 없다고 하다가 나중에 다시 나오는 경우도 허다했다. 문재인 정부에서도 비슷했다. 당시 5·18 민주화운동 기록에 대한 전수 조사를 대통령 지시로 추진했지만, 현재 윤석열 대통령이 검찰총장으로 있던 검찰은 5·18 민주화운동 기록의 제공도, 공개도 모두 거부했다. 그들에게는 대통령 지시나 특별법보다 검찰 조직, 국정원 자체가 더 우선이었던 듯하다.

　과거사 문제만으로 보자면, 대통령 한 명이 바뀐다고 한국 사회가 바뀌지는 않는다. 대통령이 바뀌면 변화를 위한 동력을 얻지만, 수십 년 동안 만들어진 왜곡되고 특권화된 한국 사회와 권력 기관의 변화에는 대통령 한 명뿐 아니라 대한민국 모두의 관심과 노력이 필요하다. 그래야만 비로소 변화가 가능하다. 그렇기에 독일이나 프랑스 같은 유럽 국가들은 과거사 문제를 현재의 문제, 전 국민의 문제로 받아들이고, 별도의 조직까지 만들어서 재발 방지를 위한 전 국가적 교육 프로그램을 운영하고 있는 것이다.

우리도 친일파들이 많이 있었던 경찰이나 검찰, 국정원이나 국방부 같은 기관을 대상으로 그들의 친일 행위나 조작 사건 사례들을 지속적으로 교육시켜 과거사를 반성하도록 해야 한다. 그리고 지자체나 시민 단체에 교육 프로그램을 추가해서 시민들에게 친일파들의 문제점과 과거 청산의 필요성을 널리 알릴 필요가 있다. 이런 노력이 친일파에 의해 왜곡된 대한민국을 현재 관점에서 바꾸는 힘이 될 것이다. 앞으로 과거사 청산은 국민들과 함께, 시민들과 함께 해야 한다. 그런 의미에서 아직도 제2, 제3의 반민특위는 여전히 필요한 과제일 수밖에 없다. ◉

대한민국 검찰의 뿌리, 그들은 누구인가

해방 직후 등용된 관료와 경찰, 군의 주요 간부들이 일제강점기 친일 관료나 친일 경찰, 일본군 출신이라는 사실은 널리 알려져 있다. 반면 법조계의 뿌리는 잘 알려져 있지 않다. 이는 법조계가 상대적으로 일반 국민들과 직간접적인 접촉이 적었기 때문일 것이다. 하지만 법조계 또한 다른 분야처럼 일제강점기 판검사 출신들이 그들 방식의 법체계와 인맥들을 만들면서 친일파가 대한민국 법조계를 장악했다. 대한민국 검찰의 뿌리, 그들은 과연 누구인가?

미군정은 겉으로는 일제강점기 판검사들을 면직시키겠다고 했지만, 실제로는 상당수를 그대로 활용했다. 행정 관료도 공식적으로는 면직시켰지만 실제로는 친일 경력자들을 그대로 활용한 것과 같다. 미군정의 검찰 활용 정책을 극명하게 알 수 있는 사건 중 하나가 1946년 5월 발표된 '정판사 위조지폐 사건'이었다. 정판사 위조지폐 사건은 조선공산당이 '조선정판사' 인쇄소의 시설을 이용해서 위조지폐를 만들어 정치 자금으로 활용했다는 것으로, 이 사건을 계기로 조선공산당을 비롯한 좌익들이 대거 불법 단체가 되었고, 검찰 같은 법조인들이 국가 권력의 핵심으로 등장하기 시작했다.

정판사 위조지폐 사건은 사건 당시부터 몇 가지 논쟁이 있었다. 무엇보다 핵심 피의자였던 정판사 사장 박낙종이 사건 당시 사건 장소는 고사하고 서울에도 없었고, 조선공산당도 사건 당시까지 그 건물에 입주해 있지 않았다. 특히 사건의 핵심 피의자로 지목된 박낙종과 송언필은 독립운동가 출신으로 이들은 조선공산당 박헌영과 처음부터 정치 노선이 달라 오랫동안 대립하고 있었다.

그런데도 검찰과 법원은 본 사건이 발생한 시간을 바꿔서 사건을 조작했다. 담당 경찰은 피의자들을 고문해서 사건 현장에 거주한 시점과 조선공산당과의 관계를 엮었고, 담당 검사는 피의자들의 진술서가 고문에 의해 작성된 것이라는 사실을 알면서도 "고문 행위와 범죄 사실은 별개"라고 하면서 정치 검사의 길을 본격적으로 갔다. 정치 검사들이 미군정의 '좌파 세력 탄압'이라는 정책 방향에 따라 사건을 미리 짜 두고 수사와 법적 논리를 만들어 나간 것이다. 담당 판사도 재판 과정에서 피고인들에게 "무죄를 증명"하라고 윽박지르면서 판사가 검찰처럼 피고인을 추궁해 논란이 되었다.

심지어 판사는 피고인들이 사건 당시 현장에 없었다는 것을 알고도, 유죄 판결을 위해 발생 시점을 조선공산당이 정판사에 들어온 이후, 그리고 정판사 사장인 박낙종이 서울에 있었던 시기로 〈판결문〉을 재작성해서 논란이 되기도 했다. 판사가 공소장에 없는 조사 내용까지 바꾼 것이다. 결국 경찰과 검찰, 법원 같은 법조계와 법 집행인이 모두 본 사건을 조작하는 데 총동원되었다.

수십 년이 지나 구성된 제1기 과거사 진상규명위원회는 이 사건을 미군정과 우익 세력에 의해 자행된 '조작 사건'이라고 판명했고, 한국인 학자만이 아니라 미국인 학자인 스칼라피노, 데이비드 콩드도 이 사건은 "기묘한 사건"이고 "음모 사건"이라고 규정했다.

여기서 주목해야 할 점은 이 사건을 담당한 경찰과 검사, 그리고 담당

판사가 누구였냐는 것이다. 담당 경찰은 바로 독립운동가를 체포하고 고문해 일제강점기 고문왕으로 알려진 노덕술이었다. 노덕술이 피의자들을 고문해서 진술을 조작한 것이다. 그리고 담당 검사는 일제강점기 광주 지방법원과 평양 지방법원 검사 출신 조재천으로, 노덕술과 조재천은 모두 《친일인명사전》에 등재된 대표적인 친일파였다. 조재천은 해방 직후에도 미군정 법무국 특별검찰청 검사로 활동했다. 그리고 사건을 담당하면서 "고문에 의한 진술도 진술"이라는 조사 방향과 논리를 제시한 정치 검찰의 대부였다. 그는 정치 검찰들이 정치적 사건을 어떻게 조작하고 어떻게 권력에 충성해야 하는지를 정확히 보여 줬다. 일제강점기 독립운동가를 수사하고 기소한 '법 기술' 방식이 재현된 것이다.

판사 또한 함흥 지방법원 같은 여러 법원에서 근무한 대표적인 친일 판사 양원일이었다. 양원일도 현재 《친일인명사전》에 등재돼 있다. 그뿐만 아니라 사건 당시 검찰을 총괄한 미군정청 검찰총장은 반민특위를 해체했던 이인 전 법무부 장관이었다. 해방이 되었지만, 친일 검찰 출신들이 친일 경찰과 함께 도리어 박낙종과 송언필 같은 독립운동가 출신들을 고문하고 사건을 조작해 범죄자를 만든 것이다. 안타깝지만 이것이 해방된 조국의 모습이었고, 당시 검찰의 모습이었다.

그 뒤 담당 검사 조재천은 1948년 1월 미군정기에 철도관구 경찰청장으로 발탁되고, 1950년 1월 이승만 정부에서는 경상북도 도지사에 임명되었다. 5·16 쿠데타 이후에는 법무부 장관으로 임명되며 한국 법조계의 핵심 인물이 되었다. 담당 판사 양원일은 1946년 서울 지방법원 부장판사로 승진하고, 1948년 이승만 정부에서 서울 고등법원 부장판사로 임명되었다.

결국 일제강점기 판검사 출신이 미군정기에 다시 판검사로 활동하면서, 미군정이나 이승만 정부가 원하는 방향으로 사건을 조작하고 법적 논리를 만들어 정치 검찰로서 자신들의 존재와 가치를 알렸다. 그 뒤 미군정과 이승만 정부는 경찰이나 군부뿐 아니라 '검찰'도 정권을 유지하고 숙적이나 반대 세력을 법적으로 제거하는 데 매우 유용한 존재라는 사실을 정확히 알게 되었다. 그리고 그런 일에 일제강점기 판검사 출신인 친일 법조인이 적합하다는 사실도 더욱 명확히 알게 되면서, 이후 검찰총장은 대부분 친일 경력자나 공안 사건, 조작 사건에 직접 개입했던 사람들을 등용하게 된다. 대한민국의 왜곡된 검찰의 뿌리, 왜곡된 검찰사가 본격적으로 시작된 것이다.

대한민국 초기 검찰의 이런 모습은 해방 직후부터 1970년까지 임명된 검찰총장들을 통해서도 알 수 있다. 당시 검찰의 성격을 검찰총장이 단적으로 보여 주기 때문이다. 검찰의 뿌리를 모든 검찰을 대상으로 살펴볼 수 없으므로, 이들 검찰총장을 통해 살펴보자.

우선 해방 직후 미군정 초기에는 검찰총장과 같은 의미로 쓰이는 대법원 검사장이 있었다. 당시 검찰청이 대법원 안에 검사국으로 존재했기 때문이다.

초대 대법원 검사장(현 검찰총장)인 김찬영은 변호사 시험을 거쳐 일제강점기 법조인으로 활동했고, 특히 일제강점기 친일 단체인 유민회 의원 출신이었다. 김찬영은 초대 대법원 검사장으로 임명된 직후인 1945년 12월, 일반 사회운동이나 정치 활동을 "감시하여 범죄로 인정될 경우 엄중 검거"할 것이라는 성명서를 발표했다. 해방 직후 독립 국가의 건설 문제로 사회 활동이 많았던 상태에서, 검찰이 정치 활동이나 사회 활동의 범죄 여부를 판단해서 처벌하겠다는 것이다.

제2대 대법원 검사장인 이종성도 변호사 시험을 거쳐 일제강점기 법조인으로 활동했으며 1948년 반민특위 특별검찰관으로 임명되었다. 하지만 임명되자마자 사퇴하고, 오히려 반민특위에 체포된 공주 갑부 김갑순과 이승우 같은 친일파의 변호인으로 활동했다. 이미 이때부터 정치 검찰의 활동은 시작되었다고 봐도 무방할 듯하다.

미군정은 1947년 1월 대법원 검사국을 대검찰청으로 독립시켰다. 제1대(1948~1949) 검찰총장은 반민특위를 와해시키고 초대 법무부 장관을 지낸 이인이었고, 제2대(1949~1950) 검찰총장(대리)은 광주 지방법원과 함흥 지방법원 검사를 지낸 엄상섭이었다. 엄상섭은 조선 총독부 검사로 활동하다 1945년 11월 서울 지방검찰청 검사로 재직한 인물로, 그 뒤 1948년 법전편찬위원회 위원, 부산 지방검찰청 검사장, 1949년 대검찰청 검사로 활동했으며 1950년 홍익대학교 학장을 역임했다.

미군정의 검찰총장 인사 기준은 명확했다. 미군정은 친미 반공 국가 건설이 목적이었기에 친일파들이 일제를 위해 일했다면 자신들을 위해서도 일할 것이라는 확신을 따랐다. 김찬영이나 엄항섭이 바로 그 목적에 적합한 인물이었다. 현재 엄항섭 전 검찰총장은 《친일인명사전》에 등재된 대표적인 친일 법조인이다.

이승만 정부가 수립된 이후도 크게 다르지 않았다. 이승만은 숙적이나 반대 세력을 제거하기 위한 공안 사건, 조작 사건을 담당했던 검사를 검찰총장으로 임명했다. 경찰 간부를 등용시킬 때 친일 여부가 중요하지 않았던 것처럼 검찰총장도 마찬가지였다. 오히려 노덕술 같은 일제강점기 경찰 출신이 '치안 기술'이 뛰어나다고 믿었듯, 친일 검찰 출신들은 '법 기술'이 뛰어나다고 믿었다. 그들에게는 검찰총장이나 주요 직위의 검찰을 뽑는 데 법철학은 전혀 의미가 없었다. 오직 법 '기술'만 필요했다.

제4대(1952~1955) 검찰총장으로 임명된 한격만은 경성법학전문학교를 졸업하고 일본 고등문관 시험에 합격한 친일 법조인으로, 미군정기까지도 검사로 활동했다. 정부 수립 후 이승만에 의해 대법원 대법관으로 임명되었고, 1954년 사사오입 개헌 당시 검찰총장으로 재직하면서 특무대장 김창룡, 헌병대 총사령관 원용덕과 함께 개헌 반대 세력을 제거하는 데 앞장섰다.

김창룡은 관동군 헌병 보조원 출신으로, 1949년 백범 암살범 안두희를 숨겨 주고 헌병대로 입대시켜 준 인물이다. 원용덕은 일본 만주군 출신으로 역시 1949년 백범 암살 사건의 재판장으로 있으면서 안두희의 죄를 낮추어 석방시키는 데 절대적인 역할을 했다. 두 사람 모두 《친일인명사전》에 등재된 핵심 친일 군인들이다. 즉 4대 총장 한격만은 친일 군인들과 함께 이승만 정부를 보호하려고 개헌 반대 세력을 제거하는 데 앞장선 장본인으로, 역시 정치 검찰의 방향을 정확히 보여 주고 있다.

제5대(1955~1956) 검찰총장 민복기는 일제강점기 남작으로 중추원 부의장까지 역임한 민병석의 아들로, 이완용의 사촌이기도 했다. 그는 1938년 일본 경성 지방법원 검사로 임명된 이후 각종 독립운동 사건을 판결하면서 독립운동가들을 재판한 대표적인 친일 법조인이었다. 그도 역시 해방 직후 미군정에 의해 경성 지방재판소 부장판사로 임명되었고, 1946년 7월에는 미군정청 사법부 법률기초국장을 거쳤으며, 정부 수립 후인 1948년 11월 법무부 감찰국장, 법무부 차관, 서울 지방검찰청 검사장을 거쳐 검찰총장에 임명되었다. 그는 1980년대까지 국토통일원 고문, 국정 자문위원, 헌정제도연구 위원장을 역임하면서 검찰계의 원로로 활동했다. 민복기 또한 《친일인명사전》에 등재되었다.

제8대(1960~1961) 검찰총장 이태희는 1941년 경성 지방법원 검사 대리, 1943년 해주 지방법원 검사를 거쳐 1945년 11월에는 미군정청 법무부 특별검찰청 검사, 1946년 서울 지방검찰청 검사를 역임했다. 이승만 정부에서는 대검찰청 검사와 법전편찬위원회 위원을 역임하고, 1952년 이화여대 법정대학 교수, 1955년 서울변호사회 부회장, 1958년 국제대학 학장 등을 역임했다가, 1960년 검찰총장으로 임명되었다. 이태희 또한 《친일인명사전》에 등재되어 있다.

제12대(1971~1973) 검찰총장 이봉성은 일제 말기 고등문관 시험에 합격한 이후 검사로 활동하다가 정부 수립 뒤 검찰총장과 법무부 장관에 임명되었다. 제13대(1973~1975) 검찰총장 김치열도 1943년 일본 주오대학을 졸업한 뒤 일본 고등문관 시험에 합격한 인물이었다. 특히 김치열은 '김대중 납치 사건', '최종길 서울대 교수 의문사 사건' 등 다양한 조작 사건에 관여한 공로로 검찰총장에 임명되었으며, 이후 민청학련 사건과 인혁당 사건에 관여해서 다시 법무부 장관으로 임명되기도 했다.

그 밖에도 제6대(1956~1958) 검찰총장 정순석은 진보당 사건 담당자로 조봉암이 북한에서 보낸 친서를 당국이 압수해서 필적 감정까지 했다면서 조봉암을 국가보안법으로 구속시킨 장본인이었다. 그러나 2011년 대법원이 조봉암에게 무죄 판결을 내려 이 사건도 검찰이 자행한 대표적인 조작사건으로 판명이 났다.

제7대(1958~1960) 박승준 검찰총장은 1926년부터 일제강점기 판사로 활동하면서 독립운동가에게 실형을 선고하는 등 《친일인명사전》에도 등재된 법조계 친일 인사로, 4·19 혁명을 폭동으로 규정하고 탄압한 인물이었다. 제9대(1961~1963) 장영순 검찰총장은 박정희와 함께 5·16 쿠데타에 참여한 후 39세라는 어린 나이에 대한민국 검찰총장에 임명되었으며, 그 뒤로 법무부 장관, 감사원 사무총장을 역임했다.

제10대 검찰총장(1963) 정창운은 오제도 검사, 김태선 경찰국장과 함께 1950년 국민보도연맹을 조직한 장본인 중 한 명이었다. 오제도는 와세다대학 법과를 졸업한 후 1940년 신의주 지방법원 검사국에서 근무하고 1946년 다시 검사로 등용된 인물로, 보도연맹 사건만이 아니라 국회 프락치 사건 같은 각종 공안 사건을 담당하고, 1952년 서울 지방검찰청 부장검사가 되었다. 김태선은 반민특위 활동을 방해한 공적으로 내무부 치안국장으로 임명되었던 인물로, 1951년 서울시장, 1952년 내무부 장관에 임명되었다.

유신 헌법을 만든 장본인으로 알려진 제11대(1963~1971) 검찰총장 신직수는 육군 법무 장교로 임관한 뒤 박정희와의 인연으로 5·16 쿠데타 후 국가재건최고회의 의장 법률비서관, 1963년 중앙정보부 차장, 검찰총장으로 임명되어 10여년 간 검찰총장과 중앙정부부장 같은 권력의 핵심에 있었던 인물이다. 특히 그는 동백림 사건, 유럽간첩단 사건, 민청학련 사건, 인민혁명당 사건처럼 다양한 간첩 사건과 장준하 의문사 사건 등에 관여한 검사로도 유명하다.

이렇게 초기 검찰총장들의 행적을 통해 대한민국 검찰을 살펴보면, 검찰총장 상당수는 일제강점기 검찰 출신이거나 다양한 조작 사건, 공안 사건에 직접적으로 간여한 정치 검사 출신이었다. 물론 검찰총장 상당수가 일제강점기 검찰 출신이라고 해서 모든 검찰이 친일 검찰이거나 공안 사건 출신이라고 말할 수는 없다. 하지만 이들이 후배 검찰들을 뽑거나 육성하면서 검찰 조직을 그들만의 집단으로 만들어 갔다는 사실은 부정할 수 없다. 그들은 친일 경찰과 함께 일제강점기부터 해 왔던, 그들이 가장 잘할 수 있는 '법 기술'을 가지고 독립운동가나 민주 인사들을 국가보안법과 간첩 사건으로 조작하면서 대한민국을 이른바 '검찰 공화국'으로 만들어 갔다.

여기서 놓쳐서는 안 될 것이 있다. 이제까지 무수히 많은 공안 사건들은 시간이 흘러 대부분 검찰이나 법조인들의 '조작'임이 판명 났지만, 정작 조작한 그들은 여전히 그 자리에서 떵떵거리고 있다는 사실이다. 조작된 사건으로 너무도 많은 사람들의 삶이 망가지고 고통받았지만, 담당 검찰들은 오히려 검찰총장이 되고 국회의원이 되거나 장차관이 되어 여전히 대한민국 법조계를 장악하고 있다. 사건을 조작했던 검사를 처벌하지 못한다 하더라도, 최소한 당시 검사나 법조인들은 그 사건에 대해, 그리고 관계된 사람들과 가족들에게 사과해야 한다. 잘못하면 사과하고 처벌받는 게 도리이고 상식이다. 그런데 여전히 대한민국 정치 검찰과 법조계 인사들은 사과나 처벌은커녕 자신들을 비판하는 사람들을 오히려 공격하고 처벌하려 하고 있다.

상식이 통하지 않는 사회.

그것이 일제강점기 친일파들을 처벌하지 않은 결과이고, 현재 대한민국이 검찰 공화국이 된 배경이기도 하다.

나가는 글

우리가 새삼 친일파 문제를 언급하는 것은, 친일파에게 장악된 한국 사회를 하나씩 바꿔 건강한 시민 사회를 만들기 위해서이다. 친일파 청산은 돈과 권력이 결탁한 한국 사회, 불법과 편법이 결합된 한국 사회를 개혁하기 위한 또 다른 출발점이기 때문이다.

1997년 프랑스에서 한 백발노인이 법정에 섰다. 제2차 세계 대전 당시 나치 정부의 치안 책임자로 있으면서 유대인 1,670명을 아우슈비츠에 보내고 나치에 협력했다는 이유에서였다. 그는 독일의 패망이 확실해지자, 1944년 6월부터 자신의 과거 이력을 세탁하려고 나치 정보를 레지스탕스에 제공하면서 변신을 시도했다. 변신은 성공한 듯했다. 그 뒤 노인은 1958년 프랑스 파리시 경찰국장, 1968년부터 78년까지 프랑스 하원의원, 1979년부터 1981년까지는 프랑스 예산장관 등을 역임하면서 프랑스 최고 관료 중 한 사람이 되었다. 그때까지만 해도 그가 나치에 협력한 사실은 세상에 전혀 알려지지 않았다. 결국 레지스탕스로 변신하는 데 성공한 듯했다.

그런데 1981년 5월, 일부 언론에 그가 독일 나치에 협력한 사실이 하나씩 알려지기 시작했다. 결정적인 것은 그가 유대인을 아우슈비츠에 보낸 최종 서명 기록이 발견되면서부터였다. 그러고 나서 그는 1997년 프랑스 법정에 서게 됐다. 노인은 "나는 잘 몰랐다. 공직자로서 명령에 따랐을 뿐"이라고 했지만, 1998년 2월 10년 형을 선고받았다. "공직자로서 명령에 따랐을 뿐"이라는 말도 전혀 고려되지 않았다. 노인의 이름은 모리스 파퐁이었다.

전쟁이 끝난 지 50년이 지났지만, 그리고 나치 협력자 처벌을 위한 법정은 없어졌지만, 그 이후에도 프랑스는 나치 협력자들을 지속적으로 조사하고, 확인이 되면 언제든지 처벌했다. 올해 2022년 5월 16일, 독일 법정이 전쟁 범죄를 저지른 혐의로 101세 노인에게 징역 5년을 선고한 것도 같은 맥락이었다. 프랑스에서는 전쟁 협력자의 현재 지위와 나이, 그리고 범죄 시효는 중요하지 않았다.

그런데 우리는 어떤가. 1948년 8월 대한민국 정부가 수립되자마자 친일파 청산을 위해 반민법을 만들었지만, 대한민국 정부는 오히려 친일파 청산을 반대했다. 심지어 친일파라고 확인이 돼도 그들을 비호하고 석방시키려 했다. 친일파 청산을 방해한 가장 큰 세력이 다름 아닌 대통령 이승만과 정부 관료, 그리고 대한민국의 국가 권력이었다.

이들은 다양한 형태로 친일파들을 비호했고, 경찰과 내무부, 감사원, 검찰과 법원 같은 모든 국가 권력이 총동원되어 반민특위를 와해시켰다. 이런 현상은 서울뿐 아니라 전국적으로 이루어졌다. 친일파가 애국자라는 연판장을 돌리고, 반민특위 요인암살음모 사건을 일으키는가 하면, 증인 협박, 투서함 파괴, 암살 테러와 '협박장' 발송 등등 방해할 수 있는 모든 방법이 총동원되었다.

그것도 부족해서인지 대한민국 경찰은 반민특위를 습격하고, 특위 요원들을 국회 프락치로 몰았으며, 소장파 의원의 정신적 지주였던 김구 선생까지 암살하며 6월 총공세를 단행하기도 했다. 독일과 프랑스는 국가 권력이 전쟁 협력자에 대한 처벌을 강력히 추진했다면, 우리는 국가 권력 자체가 친일파 처벌을 방해하기 위해 모든 수단과 방법을 총동원한 것이다. 그 국가 권력을 실제 움직이는 인물들이 바로 친일파였기 때문이다. 당시 경찰은 내무부 장관의 지휘 아래 있었다. 검찰과 법원은 반민특위를 습격하거나 암살하려는 사람들은 무죄로 석방시키고, 거꾸로 친일파 청산에 적극적인 사람들이나 단체들은 간첩이나 이적 단체로 몰았다.

반민특위 와해 뒤 친일파들은 남한 사회를 더욱 장악했다. 한 연구에 의하면 1948년에서 52년 사이 정부의 주요 국장과 과장 가운데 55.2퍼센트가 일제강점기 관료 출신이었고, 이 시기에 임명된 장관 중 4명, 차관 중 15명이 일제강점기 관료 출신이거나 친일 경력자였다고 한다. 1960년대 전국 경찰 총경 이상 간부의 70퍼센트, 경감 이상 간부의 40퍼센트, 경위 이상 중진 간부의 15퍼센트가 일제강점기 경찰 출신이었고, 한국군의 주요 요직은 일본 육사 출신과 만주군 출신이 대부분 장악했다. 법조계 상황도 비슷했다. 일제강점기 판검사 출신이 친일파들을 변호하고, 이후 대한민국 법체계를 만들면서 법조계를 장악했다. 정치, 경제, 사회, 문화 같은 다른 여러 분야도 상황은 비슷했다.

결국 반민특위는 국가 권력의 총체적 방해 공작으로 친일파 처벌을 끝내 하지 못하고 와해되었다. 하지만 그럼에도 한국 근현대사에서 처음으로 친일파 숙청을 시도했다는 점에서 역사적 의미는 결코 작지 않다. 친일파를 숙청하려는 시도조차 하지 않았다면 친일파 숙청의 민족적 중요성은 역사 속에서 망각될 수도 있었다. 반민특위가 아예 없었다면 대한민국에 숨어 있는 친일파의 권력과 힘을 정확하게 파악하기도 힘들었을 것이다. 반민특위는 친일파를 제대로 처벌하지는 못했다. 하지만, 반민특위 활동이 있었기에 친일파 숙청의 중요성을 역사 속에서 부각시킬 수 있었고, 지금까지도 친일파들에게 역사적 심판의 필요성을 제기할 수 있게 되었다.

또한 반민특위 활동 과정에서도 많은 교훈을 얻었다.

첫째, 친일파 청산을 위해서는 한국 사회의 개혁이 반드시 필요하다는 것을 알았다. 그리고 올바른 사회 이념을 만들어야 함도. 그러지 못하면 친일파와 그 비호 세력의 왜곡된 논리에 의해 친일파 청산 세력은 와해될 수밖에 없기 때문이다.

둘째, 특별법을 만들어 친일파들을 법적으로 처벌하려면, 특별법이 제대로 작동될 수 있는 다양한 운영 원칙을 만들어야 한다는 것이다. 특별법은 말 그대로 일반법 위에 있기 때문에 '특별'법인 것이다. 그렇기 때문에 처음부터 일반법과 같이 일반 형사소송법을 따를 이유가 없었다. 따라서 친일파나 특권 세력을 실제로 처벌하기 위해 실질적인 절차와 규정을 특별법에 담아내야 한다.

셋째, 민족 세력이나 일반 국민들의 절대적 지지가 매우 중요하다는 것이다. 친일파 청산은 민족 세력과 반민족 세력의 싸움이다.

따라서 민주 세력이나 일반 국민들의 지지 여부가 절대적으로 중요했다. 지지가 약해지면 반격이 강해지고, 반대로 지지가 강하면 그들은 드러내 놓고 활보할 수 없기 때문이다.

넷째, 반민특위는 조사위원회뿐만 아니라 특별재판부와 특별경찰대까지 갖춘 조직을 만들었어도 실패했다. 따라서 제대로 된 과거사 청산을 위해서는 최소한 조사권만 아니라 구속권, 기소권, 더나아가 재판권까지 가져야 한다는 역사적 사례를 확인했다. 향후 다른 과거사 위원회가 만들어질 때 그 정도까지는 불가능하겠지만, 반민특위의 사례와 역사 경험은 충분히 활용할 필요가 있다.

지금도 우리 사회의 특권 세력들은 "일제의 식민 지배는 오히려 다행스러운 일이다", "오히려 일본 침략으로 우리는 근대화가 되고 경제 건설을 할 수 있었다", "일제강점기 친일은 불가피했다"고 주장하는 경우가 많다. 최근까지도 "친일파 처벌을 주장하는 자들은 공산주의자들"이라 말하기도 하고, "반민특위는 국론을 분열시킨다"고 주장하기도 했다. 심지어 대한민국 최고 대학이라는 서울대 명예 교수나 극우 연구 단체들은 "위안부는 강제 동원된 게 아니라 자발적으로 매춘 행위를 한 것"이라는 말도 서슴지 않고 한다.

1948년 반민특위가 처음 조직되었을 때, 10여 년 전 친일 진상조사위원회가 만들어질 때, 그리고 현재까지도 친일파 청산 문제가 제기될 때마다 보수 인사들과 극우 인사들, 일부 특권층들은 친일파 청산 문제가 시대착오적인 발상이고, 국수주의적 편견이라는 비판을 제기하고 있다. 이런 비판들은 시간이 흘러도 친일파 청산은 여전히 해결이 쉽지 않고, 또한 한국 사회의 구조적 문제와 결부되었다는 사실을 새삼 다시 일깨워 준다.

이들 특권 집단들은 학력과 경력을 위조하거나 다양한 불법 행위를 해도 처벌받지 않을 뿐 아니라, 부와 권력을 거머쥐거나 불법한 스펙으로 자식들을 유명 대학에 보내 자식들에게까지 권력을 계승시키고 있다. 누구에게나 평등해야 할 법이 특권 집단에게는 보호하는 장치로 작동되고, 비판하는 사람들에게는 협박하는 용도로 사용되고 있는 것이다.

따라서 우리가 새삼 과거사 청산이나 친일파 문제를 언급하는 것은, 친일파와 특권 세력들에 의해 장악된 한국 사회를 하나씩 바꾸어 건강한 시민 사회를 만들기 위해서이다. 친일파 청산은 친일파와 특권 세력들에 의해 왜곡된 한국 사회를 개혁하는 문제이고, 더 나아가 돈과 권력이 결탁한 한국 사회, 불법과 편법이 결합된 한국 사회를 개혁하기 위한 또 다른 출발점이기 때문이다. ◉

부록

반민특위 조직표

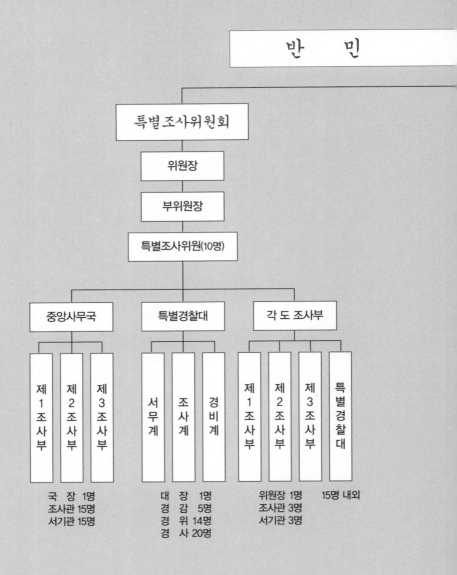

반　　민

특별조사위원회

위원장

부위원장

특별조사위원(10명)

중앙사무국	특별경찰대	각 도 조사부

제1조사부	제2조사부	제3조사부	서무계	조사계	경비계	제1조사부	제2조사부	제3조사부	특별경찰대

국　장　1명
조사관 15명
서기관 15명

대　장　　1명
경　감　　5명
경　위　14명
경　사　20명

위원장 1명
조사관 3명
서기관 3명

15명 내외

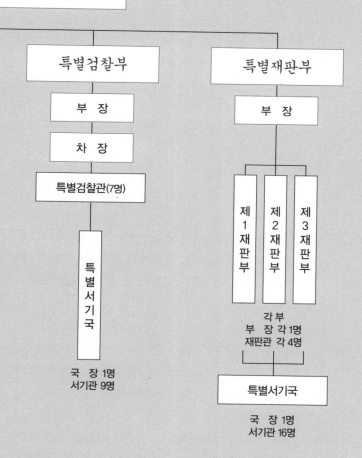

특　위

특별검찰부

부　장

차　장

특별검찰관(7명)

특별서기국

국　장 1명
서기관 9명

특별재판부

부　장

제1재판부

제2재판부

제3재판부

각부
부　장 각 1명
재판관 각 4명

특별서기국

국　장 1명
서기관 16명

반민족행위 처벌법
[법률 제13호, 1948. 12. 7. 일부 개정] [시행 1948. 12. 28.]

제1장 죄

제1조   일본 정부와 통모하여 한일합병에 적극 협력한 자, 한국의 주권
을 침해하는 조약 또는 문서에 조인한 자와 모의한 자는 사형 또
는 무기징역에 처하고, 그 재산과 유산의 전부 혹은 2분지 1 이
상을 몰수한다.

제2조   일본 정부로부터 작을 수한 자, 또는 일본 제국의회의 의원이 되
었던 자는 무기 또는 5년 이상의 징역에 처하고, 그 재산과 유산
의 전부 혹은 2분지 1 이상을 몰수한다.

제3조   일본 치하 독립운동자나 그 가족을 악의로 살상박해한 자, 또는
이를 지휘한 자는 사형, 무기 또는 5년 이상의 징역에 처하고, 그
재산의 전부 혹은 일부를 몰수한다.

제4조 좌의 각 호의 1에 해당하는 자는 10년 이하의 징역에 처하거나 15년 이하의 공민권을 정지하고 그 재산의 전부 혹은 일부를 몰수할 수 있다.

    1. 습작한 자

    2. 중추원 부의장, 고문 또는 참의되었던 자

    3. 칙임관 이상의 관리되었던 자

    4. 밀정행위로 독립운동을 방해한 자

    5. 독립을 방해할 목적으로 단체를 조직했거나 그 단체의 수뇌 간부로 활동하였던 자

    6. 군, 경찰의 관리로서 악질적인 행위로 민족에게 해를 가한 자

    7. 비행기, 병기 또는 탄약 등 군수공업을 책임경영한 자

    8. 도, 부의 자문 또는 결의기관의 의원이 되었던 자로서 일정에 아부하여 그 반민족적 죄적이 현저한 자

    9. 관공리되었던 자로서 그 직위를 악용하여 민족에게 해를 가한 악질적 죄적이 현저한 자

    10. 일본 국책을 추진시킬 목적으로 설립된 각 단체 본부의 수뇌간부로서 악질적인 지도적 행동을 한 자

    11. 종교, 사회, 문화, 경제 기타 각 부문에 있어서 민족적인 정신과 신념을 배반하고 일본 침략주의와 그 시책을 수행하는 데 협력하기 위하여 악질적인 반민족적 언론, 저작과 기타 방법으로써 지도한 자

    12. 개인으로서 악질적인 행위로 일제에 아부하여 민족에게 해를 가한 자

제5조 일본 치하에 고등관 3등급 이상, 훈 5등 이상을 받은 관공리 또는 헌병, 헌병보, 고등경찰의 직에 있던 자는 본법의 공소시효 경

과 전에는 공무원에 임명될 수 없다. 단, 기술관은 제외한다.

제6조　본법에 규정한 죄를 범한 자, 개전의 정상이 현저한 자는 그 형을 경감 또는 면제할 수 있다.

제7조　타인을 모함할 목적 또는 범죄자를 옹호할 목적으로 본법에 규정한 범죄에 관하여 허위의 신고, 위증, 증거인멸을 한 자, 또는 범죄자에게 도피의 길을 협조한 자는 당해 내용에 해당한 범죄 규정으로 처벌한다.

제8조　본법에 규정한 죄를 범한 자로서 단체를 조직하는 자는 1년 이하의 징역에 처한다.

제2장 특별조사위원회

제9조　① 반민족행위를 예비조사하기 위하여 특별조사위원회를 설치한다.
　　　② 특별조사위원회는 위원 10인으로써 구성한다.
　　　③ 특별조사위원은 국회의원 중에서 좌기의 자격을 가진 자를 국회가 선거한다.
　　　　1. 독립운동의 경력이 있거나 절개를 견수하고 애국의 성심이 있는 자
　　　　2. 애국의 열성이 있고 학식, 덕망이 있는 자
　　　④ 국회는 특별조사위원회의 처리가 본법에 위배한다고 인정할 때에는 불신임을 의결하고 특별조사위원을 재선할 수 있다.

제10조 특별조사위원회는 위원장, 부위원장 각 1인을 호선한다. 위원장
은 조사위원회를 대표하며 회의에 의장이 된다. 부위원장은 위원
장을 보좌하고 위원장이 사고가 있을 때에는 그 직무를 대리한다.

제11조 특별조사위원은 기 재임 중 현행범 이외에는 특별조사위원장의
승인이 없이 체포심문을 받지 않는다.

제12조 ① 특별조사위원회는 사무를 분담하기 위하여 서울시와 각 도에
조사부, 군부에 조사지부를 설치할 수 있다.
② 조사부 책임자는 조사위원회에서 선거하여 국회의 승인을 받
아야 한다.
③ 특별조사위원회와 각 도조사부는 당해사무의 공정 타당을
기하기 위하여 언제든지 국회의원의 요구가 있을 때에는 조
사문서를 정시하여야 한다. 〈신설 1948. 12. 7.〉

제13조 특별조사위원회에서 채용하는 직원은 친일모리의 세평이 없는
자라야 한다.

제14조 조사방법은 문서조사, 실지조사의 2종으로 한다. 문서조사는 관
공문서, 신문 기타 출판물을 조사하여 피의자 명부를 작성한다.
실지조사는 피의자 명부를 기초로 하고 현지출장 기타 적당한
방법으로 증거를 수집하여 조사서를 작성한다.

제15조 ① 특별조사위원회로부터 조사사무를 집행하기 위하여 정부 기
타의 기관에 대하여 필요한 보고기록의 제출 또는 기타 협력

을 요구할 때에는 이에 응하여야 한다.

② 특별조사위원은 조사상 필요에 의하여 사법경찰 관리를 지휘 명령할 수 있다. 〈신설 1948. 12. 7.〉

제16조 특별조사위원이 직무를 수행할 때에는 특별조사위원장의 신임장을 소지케 하며 그 행동의 자유를 보유하는 특권을 가지게 된다.

제17조 특별조사위원회가 조사를 완료할 때에는 10일 이내에 위원회의 결의로 조사 보고서를 작성하고 의견서를 첨부하여 특별검찰부에 제출하여야 한다.

제18조 특별조사위원회의 비용은 국고 부담으로 한다.

제3장 특별재판부 구성과 절차

제19조 본법에 규정된 범죄자를 처단하기 위하여 대법원에 특별재판부를 부치한다. 반민족행위를 처단하는 특별재판부는 국회에서 선거한 특별재판부 부장 1인, 부장재판관 3인, 재판관 12인으로써 구성한다. 전항의 재판관은 국회의원 중에서 5인, 고등법원 이상의 법관 또는 변호사 중에서 6인, 일반 사회인사 중에서 5인으로 하여야 한다.

제20조 특별재판부에 특별검찰부를 병치한다. 특별검찰부는 국회에서 선거한 특별검찰부 검찰관장 1인, 차장 1인, 검찰관 7인으로써 구성한다.

제21조 특별재판관과 특별검찰관은 좌의 자격을 가진 자 중에서 선거하여야 한다.

    1. 독립운동에 경력이 있거나 절개를 견수하고 애국의 성심이 있는 법률가

    2. 애국의 열성이 있고 학식, 덕망이 있는 자

제22조 특별재판부 부장과 특별재판관은 대법원장 및 법관과 동일한 대우와 보수를 받고 특별검찰관장과 특별검찰관은 검찰총장 및 검찰관과 동일한 대우와 보수를 받는다.

제23조 특별재판부의 재판관과 검찰관은 그 재임 중 일반재판관 및 일반검찰관과 동일한 신분의 보장을 받는다.

제24조 특별재판부의 재판관과 검찰관은 그 재임 중 국회의원, 법관과 검찰관 이외의 공직을 겸하거나 영리기관에 참여하거나 정당에 관여하지 못한다.

제25조 특별재판부에 3부를 두고 각 부는 재판장 1인과 재판관 4인의 합의로써 재판한다.

제26조 ① 특별검찰관은 특별조사위원회의 조사보고서와 일반 검찰사실을 기초로 하여 공소를 제기한다. 단, 특별검찰관의 결정이 부정당하다고 인정된 때에는 특별조사위원회는 특별검찰관 전원의 합의에 의한 재고려를 요구할 수 있다. 〈개정 1948. 12. 7.〉

    ② 특별검찰관은 검찰상 필요에 의하여 특별조사위원에게 재조사를 위촉하거나 사법경찰관을 지휘 명령할 수 있다. 〈개정 1948. 12. 7.〉

제27조 특별검찰관은 특별조사위원회의 조사 보고서를 접수한 후 20일 이내에 기소하여야 하며 특별재판부는 기소된 사건에 대하여 30일 이내에 공판을 개정하여야 한다. 단, 특별재판부는 부득이한 사정이 있을 때에는 기간을 연장할 수 있으되 30일을 초과할 수 없다.

제28조 본법에 의한 재판은 단심제로 한다. 소송 절차와 형의 집행은 일반 형사소송법에 의한다.

부 칙 〈법률 제3호, 1948. 9. 22.〉

제29조 본법에 규정한 범죄에 대한 공소시효는 본법 공포일로부터 기산하여 2년을 경과함으로써 완성된다. 단, 도피한 자나 본법이 사실상 시행되지 못한 지역에 거주하는 자 또는 거주하던 자에 대하여는 그 사유가 소멸된 때로부터 시효가 진행된다.

제30조 본법의 규정은 한일합병 전후부터 단기 4278년 8월 15일 이전의 행위에 이를 적용한다.

제31조 본법에 규정한 범죄자로서 대한민국 헌법 공포일로부터 이후에 행한 그 재산의 매매, 양도, 증여 기타의 법률행위는 일체 무효로 한다.

제32조 본법은 공포일로부터 시행한다.

부 칙 〈법률 제13호, 1948. 12. 7.〉

이 법령은 공포 당시에 부칙을 정하지 아니한 법률로서 헌법의 규정에 의하여 공포한 날부터 20일 경과 후 시행됨.

반민특위 주요 연표

1920. 12. 5 대한민국 임시정부, 처단해야 할 대상자 '7가살' 발표(최초로 친일파 범위 규정)

1941. 11. 28 대한민국 임시정부, 〈건국강령〉 발표. "적에게 협력한 자와 방해한 자의 선거권 피선거권 박탈" 선언

1945. 8. 15 해방
    8. 25 한국독립당 〈행동강령〉 발표, "친일파의 사회, 경제적 기반 제거" 선언
    9. 3 백범 김구 〈임시정부의 당면 정책〉 발표, "일제하의 법령 무효" 선언
    9. 7 미 육군 총사령관 맥아더 〈포고 1호〉, "정부 및 공공 단체에 종사하는 자는 별도의 명령이 있을 때까지 종래의 업무를 수행할 것" 발표
    9. 9 미군정 하지 중장 〈포고 1호〉, "38도 이남의 한국에 대해서 미군이 군정을 실시한다" 발표

| 1946. 2월 | 민주주의민족전선, 민족반역자 범위 발표 |
| 9. 10 | 한국독립당, 친일파 조사 및 처벌을 위한 신한정의사(대표 조격한) 조직 |

| 1946~1948 | 임시정부 계열 김승학, 친일파 명단인《친일파 군상》과《참고건제일》작성 |

1947. 7. 2	남조선 과도입법의원, 친일파 숙청법 제정
11. 20	미군정, 친일파 숙청법 반대한다는 입장을 남조선 과도입법의원에 전달
11. 28	김규식 남조선 과도입법의원, 미군정청에 친일파 숙청법 관련 서면 질의

1948. 5. 10	대한민국 최초의 국회의원 선거
6. 3	대한민국 헌법 초안 상정(22일 확정), "1945년 8월 15일 이전의 민족반역자 처벌을 위한 특별법 제정"을 할 수 있다는 헌법 조항 마련
8. 5	제헌국회, 반민법 제정 특별법 기초위원회 구성
8. 16	반민법 초안 국회 제출
8. 26	반민법 제정 반대 '삐라' 살포 사건(시내 등)
8. 27	반민법 제정 반대 '삐라' 살포 사건(국회의사당 안)
9. 7	반민법, 국회 본회의 통과(재적 141, 찬성 103표, 반대 6표)
9. 22	반민법 공포(법률 제3호)
9. 23	서울운동장, 반민법 반대 국민대회 개최
9. 29~10. 23	특별조사위원회 위원장 및 위원 구성, 국회 승인
10. 12~12. 6	특별검찰부, 특별재판부 구성, 승인
10. 28~11. 25	반민특위 조사 기관 조직법 통과

1948. 11월 중순   반민특위 요인암살음모 사건 발생

      12. 22~1949. 2. 12   반민특위 도 조사부 위원장 선출

1949. 1. 5   반민특위 중앙 사무국 조직

   1. 8   반민특위, 반민특위 제1호로 박흥식 체포

   1. 10   반민특위, 이종형 체포

   1. 13   반민특위, 최린, 김태석, 방의석 등 체포

   1. 20~3. 2   반민특위 도 조사부 조직

   1. 21   반민특위, 김연수, 정국은 등 체포

   1. 25   반민특위, 노덕술 등 체포

   2. 4   대통령 이승만, 국무회의에서 정부 내 친일파를 비밀리에 조사해서 선처하라고 지시

   2. 12   반민특위, 요인암살음모 사건 관계자(노덕술, 최난수 등) 기소

   2. 15   이승만의 반민법 개정안 국무회의 통과

   2월   반민특위 경남 조사부에 협박장 도착

   3. 5   반민특위 강원도 조사부 위원장 암살음모 사건 지령문 작성

   4. 1   연세대 총장 백남준과 이화여대 총장 김애마 등, 친일파 양주삼 증인으로 나와 왜곡 증언

   4월   이승만, 반민피의자 민영찬(민영환의 동생)을 한불문화협회 고문에 임명

   5. 18   이문원, 최태규, 이구수 등 제헌국회 내 소장파 의원 체포 사건 발생

   5. 30   반민특위 전라남도 조사부에 협박장 도착

   6. 3   국민계몽대, 6·3 반공대회 개최

   6. 4   반민특위, 6·3 반공대회 관계자 체포(서울시 사찰과장, 국민계몽대 회장 등)

   6. 6   서울시경, 반민특위 습격

1949. 6. 8 이승만, AP 통신과 "내가 반민특위 무장해제 지시했다"고 인터뷰

6. 13 반민특위 부위원장 및 위원들의 집에 협박장 도착

6. 23 서울시경, 국회 프락치 사건 관계자로 반민특위 부위원장 등 소장과 의원 6명 구속

6. 29 백범 김구 암살 사건 발생

7. 1 이종현 농림부 장관, 친일파 노기주의 증언으로 나와 왜곡 증언

7. 6 반민특위 공소 시효 단축안 통과(2년→1년)

7. 7 김상덕 반민특위 위원장 등 특별조사위원회 위원 전원 사표

7. 15 이인 반민특위 위원장 취임 및 제2기 반민특위 구성

8. 31 반민특위 업무 종료

9. 26 김대형, 김우영 등 친일파 병보석

9. 28 박흥식 등 친일파 무죄 석방

10. 4 특별검찰부와 특별검찰부 업무, 대검찰청과 대법원에 이양

10월 이승만, 반민특위에서 석방된 양주삼을 대한적십자사 총재로 임명

1950. 4월 이승만, 백범 암살음모 사건 관계자 전봉덕을 국무총리 비서실장에 임명(1949년 헌병사령관 임명)
이승만, 반민법에서 체포되었던 최운하를 서울시 경무국장으로 임명

1951. 2. 14 국무회의 결정에 따라, 반민법에 의한 판결 모두 무효 선언

참고 문헌

단행본

강만길, 《조소앙》, 한길사, 1982.

고원섭 편, 《반민자죄상기》, 백엽문화사, 1949.

길진현, 《역사에 다시 묻는다 : 반민특위와 친일파》, 삼민사, 1984.

김구, 《백범일지》, 서문당, 1989.

김영진, 《반민자대공판기》 한풍출판사, 1949.

남조선 과도입법의원, 《남조선과도입법의원 속기록》, 여강출판사, 1984.

다락방 편, 《반민특위 재판기록》, 다락방, 1993.

대한민국 국회, 《제헌국회 속기록》, 1987.

대한민국 정부, 《국무회의록》, 1949.

민족문제연구소, 《친일파란 무엇인가》, 아세아문화사, 1997.

민족문제연구소, 《한국 근현대사와 친일파 문제》, 아세아문화사, 2000.

민족정경문화연구소 편, 《친일파군상》, 삼성출판사, 1948.

브루스 커밍스, 《한국전쟁의 기원》, 일월서각, 1986.

서중석, 《조봉암과 1950년대》, 역사비평사, 1999.

서중석, 《한국현대 민족운동연구 : 해방후 민족국가 건설운동과 통일전선》, 역사비평사, 1991.

서중석, 《한국현대 민족운동연구 2 : 1948~1950 민주주의·민족주의 그리고 반공주의》, 역사비평사, 1996.

신창현, 《해공 신익희》, 해공신익희선생기념회, 1992.

유진오, 《헌법기초 회고록》, 일조각, 1980.

이기동,《비극의 군인들》, 일조각, 1982.

임종국,《실록 친일파》, 돌베개, 1991.

임종국,《친일문학론》, 평화출판사, 1966.

주섭일,《프랑스의 대숙청》, 중심, 1999.

한용운,《창군》, 박영사, 1984.

혁신출판사 편,《민족정기의 심판》, 혁신출판사, 1949.

논문과 기고문

고심백,〈각당 각파의 인물기〉,《민심》, 1945년 11월호.

고원섭,〈이완용의 후손들〉,《신천지》, 1946년 8월호.

고정휘,〈민족반역자는 이러한 방식으로 조사하고 있다〉,《선봉》, 1946년 1월호.

김대상,〈일제하 부일협력자의 처리에 대한 고찰〉,《한일연구 2》, 1973.

박기자,〈김약수 선생 회담기〉,《백민》, 1949년 1월호.

박태균,〈8·15 직후 미군정의 관리충원과 친일파〉,《역사와 현실》, 1993년 10월호.

백운선,〈제헌국회내 소장파에 관한 연구〉, 서울대학교, 1992.

신용하,〈반민특위의 성립과 해체〉, 광복 50주년 기념 일제잔재와 친일파 문제에 관한 학술회의, 1995.

오소백,〈반민특위〉,《전환시대의 내막》, 조선일보사, 1982.

오익환,〈반민특위의 활동과 와해〉,《해방전후사의 인식》, 한길사, 1980.

이광선,〈민족정기 살아 있다〉,《개벽》, 1948년 12월호.

이기동,〈일제하의 한국인 관리들〉,《신동아》, 1980년 3월호.

이병홍,〈반민자의 심정〉,《신천지》, 1994년 4월호.

이형재,〈일제하의 반민족행위자에 대한 고찰〉,《건국사학》5호, 1976.

임광호,〈친일파, 민족반역자론〉,《백민》, 1947년 9월호.

임대식,〈반민법과 4·19, 5·16 이후 특별법 왜 좌절되었나〉,《역사비평》, 1993년 여름호.

임종국,〈제1공화국과 친일파〉,《해방전후사의 인식》, 한길사, 1985.

임종국,〈친일파들의 화려한 변신〉,《순국》, 1989.

임헌영, 〈친일파의 정의와 범주〉, 《한국 근현대사와 친일파 문제》, 아세아문화사, 2000.

장세윤, 〈일제하의 고문시험 출신자와 해방 후 권력엘리트〉, 《역사비평》, 1993년 여름호.

정동태, 〈반민특위 해부〉, 《민성》, 1949년 3월호.

정병준, 〈1945~47년 우익진영의 '애국금'과 이승만의 정치자금 운용〉, 《한국사연구》, 109집, 2000.

최태신, 〈심의 방청기〉, 《신천지》, 1949년 6월호.

한용원, 〈한국군의 형성과정에서 일본군 출신의 리더쉽 장악과 그 영향〉, 《한국 근현대사와 친일파 문제》, 아세아문화사, 2000.

홍효민, 〈이 박사에게 드리는 편지 : 친일파 처단과 농지개혁〉, 《대조》, 1949년 1월호.

필자 논저

《반민특위연구》, 나남, 2003.

《(좌우의 벽을 뛰어넘은 독립운동가) 신익희》, 독립기념관, 2014.

〈1945~49년 친일파 문제와 반민특위의 전개과정〉, 《한국 근현대사와 친일파 문제》, 아세아문화사, 2000.

〈1960년 양민학살사건 진상조사위원회의 조직과 활동〉, 《한국근현대사연구》, 한국근현대사연구회, 2008.

〈미군정과 친일파 세력의 재등장〉, 《순국》, 순국선열유족회, 2003.

〈반민족행위 특별조사위원회의 조직과 구성〉, 《국사관논총》 84집, 국사편찬위원회, 1999.

〈반민특위 방해공작과 증인 및 탄원서 분석〉, 《한국독립운동사연구》 20호, 독립기념관 한국독립운동연구소, 2003.

〈반민특위 어떻게 이해할 것인가〉, 《내일을 여는 역사》, 서해문집, 2003.

〈삼상회의결정안에 대한 좌파 3당의 대응〉, 《한국근현대사연구 3》, 한국근현대사연구회. 1997.

〈친일파 청산 어떻게 할 것인가〉,《민주사회와 정책연구》, 민주사회정책연구회, 2005.

〈친일파 청산 왜 좌절되었나〉,《내일을 여는 역사》, 서해문집, 2004.

〈친일파 청산, 반민특위와 백범〉,《한국학보》, 일지사, 2004.

〈해방 직후 남북한의 친일파청산〉,《분단의 두 얼굴》, 역사비평사, 2005.

〈해방 직후 대한민국 국군의 창군과 그 역사성〉,《군사》, 군사편찬연구소, 2013.

* 단행본, 문집, 학술지 들은《 》로, 논문이나 그 밖의 글은〈 〉로 표기하였다.

** 신문 출처는 참고한 자료가 많아서 따로 넣지 않았다.

보리 한국사 5

친일파와 반민특위 나는 이렇게 본다

2023년 4월 19일 1판 1쇄 펴냄

글쓴이 | 이강수

편집 | 김용심, 김로미, 박은아, 이경희, 임헌   **교정** | 김성재
디자인 | 장소인   **제작** | 심준엽
영업 | 나길훈, 안명선, 양병희   **독자 사업(잡지)** | 김빛나래, 정영지
새사업팀 | 조서연   **경영지원** | 신종호, 임혜정, 한선희

인쇄와 제본 | (주)천일문화사

펴낸이 | 유문숙   **펴낸 곳** | ㈜도서출판 보리   **출판 등록** | 1991년 8월 6일 제9-279호
주소 | (10881) 경기도 파주시 직지길 492   **전화** | (031) 955-3535   **전송** | (031) 950-9501
누리집 | www.boribook.com   **전자우편** | bori@boribook.com

값 17,000원
ISBN 979-11-6314-261-4 04910
      978-89-8428-742-6 04910 (세트)

보리는 나무 한 그루를 베어 낼 가치가 있는지 생각하며 책을 만듭니다.